Liesl Karlstadt

Schwere Jahre

1935–1945

Herausgegeben von
Sabine Rinberger und Andreas Koll

Kunstmann

Inhalt

»Du meine liebe gute Norma!«

All die vielen Zeichen von Freundesliebe und wahrem Mitgefühl. Die mir soviel Trost gegeben haben.

Die Briefe der
Norma Lorenzer an
Liesl Karlstadt

Im Jahr 2006 erreichte das Valentin-Karlstadt-Musäum überraschend ein neuer Quellenschatz aus Amerika: sehr persönliche Briefe von Liesl Karlstadt an ihre Freundin Norma Lorenzer, aus den Jahren von 1935 bis 1953. Norma Lorenzers Tochter Brigitte Eriksson brachte sie ins Valentin-Karlstadt-Musäum, wenige Jahre vor ihrem Tod. Sie kam in Begleitung ihrer Münchner Halbschwester aus der zweiten Ehe ihres Vaters Raimund Lorenzer. Das Herz des Archivars ebenso wie des Historikers beginnt in solchen Momenten höher zu schlagen. 139 Briefe und Postkarten, feinsäuberlich gebündelt und mit einem Band zusammengehalten, von denen wir bisher nichts wussten. Mit den Worten »Ich übergebe Ihnen hier den Schatz meiner Kindheit« drückte sie mir, der Direktorin des Musäums, in einem sehr intimen, anrührenden Moment das Korrespondenz-Päckchen in die Hand. Vielleicht ahnte sie – oder wusste sie schon – von ihrer Alzheimererkrankung, die ihr Gedächtnis schwinden ließ. An ihr starb sie 2017 in Kalifornien, ein sehr bewegtes Leben hinter sich lassend.

Aufgewachsen war sie in München in einem Haushalt, in dem Künstler und Intellektuelle ein- und ausgingen, im berühmten Kefernest. Ihre in Englisch

verfassten Erinnerungen beginnt sie: »I know that our house is the best house in Munich and that our street is the best street in Schwabing.« Nach dem Krieg ging sie mit ihrem Mann, einem in Paris geborenen Amerikaner, der in München für Radio Free Europe arbeitete, nach Amerika. Mit ihm bekam sie drei Kinder, die erste Tochter wurde noch in München geboren. Ihnen widmete Brigitte Lorenzer ihre im Selbstverlag erschienenen Lebenserinnerungen, die sie in ihren letzten bewussten Lebensjahren verfasste. Ab 1979 verbrachte sie mehrere Jahre in Indien in einem Ashram. Zurück in Amerika, unterrichtete sie bis zum Ruhestand in Los Angeles an der Widney High School. Ein Foto, das Brigitte als Kind mit Katze auf dem Arm mit Liesl Karlstadt zeigt, war uns schon lange bekannt, doch wussten wir nicht, wer das Mädchen war. Nun fand sich das gleiche Foto zwischen den Briefen wieder, und Brigitte Eriksson konnte das Mädchen identifizieren: Das Bild zeigt sie zusammen mit Liesl Karlstadt.

Im Laufe des Jahres 1934 geriet Liesl Karlstadt immer tiefer in eine Lebenskrise. Keinen Ausweg mehr sehend, stürzte sie sich am 6. April 1935 in die Isar, um sich das Leben zu nehmen, wurde aber gerettet. Es folgten schwere Jahre, geprägt von langen Aufenthalten in Kliniken und Erholungseinrichtungen, von Gehversuchen und Rückschlägen. Ihre Verzweiflung spiegelt sich auch in diesen Briefen an ihre Freundin Norma Lorenzer. Karl Valentin konnte Liesl Karlstadt oft nicht mehr ertragen, ihn aber auch nicht aufgeben. Nach einem erneuten Zusammenbruch im April 1939 und einer darauffolgenden schweren und langwierigen Erkrankung begann sie, sich von ihm zu lösen. 1941 und 1943 erholte sie sich im Gebirge. Auf Wanderungen freundete

sie sich mit Soldaten auf der Ehrwalder Alm an und tat als einziger weiblicher »Muli-treiber« in Uniform auf der Alm Dienst. In der Gemeinschaft mit den Soldaten und in ihren geliebten Bergen erholte sie sich von den Strapazen, bis der eskalierende Krieg sie schließlich wieder zurück nach München holte.

Norma Lorenzer wurde ihre Vertraute und Freundin in dieser Zeit und beglei-tete sie durch viele schwere und bewegte Lebensphasen. Der intensive Briefverkehr zwischen den beiden Frauen begann im Juli 1935, als Liesl Karlstadt in der Psychia-trischen Klinik in der Nußbaumstraße war. Norma Lorenzer hatte eine depressive Verwandte, wahrscheinlich eine Cousine, um die sie sich kümmerte, das schien Liesl Karlstadt zu wissen und fühlte sich vielleicht deshalb von ihr verstanden. Über die Jahre wurde aus einem zunächst herzlichen, noch förmlichen Verhältnis ein sehr nahes, das »Sie« wechselte zum »Du«.

Wir haben nur sehr wenige Dokumente, in denen sich Liesl Karlstadt persönlich äußert, im Gegensatz zum überlieferten umfänglichen Briefverkehr von Karl Valen-tin. Auch in den Briefen und Postkarten an Norma Lorenzer gibt Liesl Karlstadt nur kleine Einblicke in ihre Seele, dennoch finden wir Hinweise, die so nicht bekannt waren. Das war für uns Anlass zu diesem Buch, in dem wir die bekannten Ereignisse noch einmal mit den neu aufgetauchten Briefen gegenlesen.

Norma Lorenzer wurde in Salt Lake City als Norma Müller geboren und schloss dort ihr Studium mit einer Promotion summa cum laude ab. Sie kam nach Deutschland und heiratete am 9. Mai 1932 den Hals-Nasen-Ohrenarzt und Dichter Raimund Lorenzer. Kurz darauf kam die gemeinsame Tochter Brigitte zur

Brigitte Lorenzer hatte als Kind ein sehr inniges Verhältnis zu Liesl Karlstadt. Sie war die erwachsene Freundin.

Brigitte und Liesl teilten eine große Liebe zu Tieren.

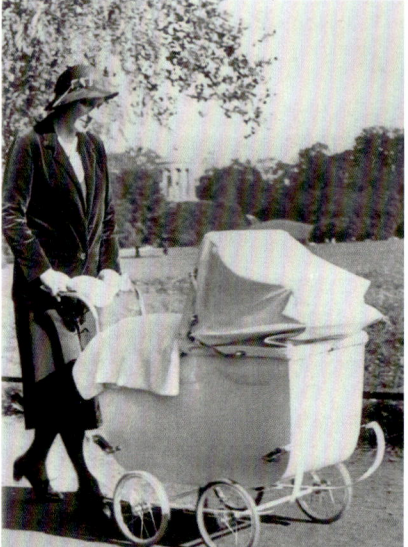

Norma Lorenzer. Eine einfühlende Freundin in schweren Jahren.

Norma Lorenzer beim Spaziergang mit ihrer Tochter Brigitte im englischen Garten. Dieses Foto fand sich zwischen den Briefen.

Die Familie Lorenzer wohnte im legendären Kefernest in Schwabing. 1906 von Olaf Gulbransson erworben, war es Treffpunkt der Künstler.

Welt. Später ließ das Ehepaar sich scheiden. Auch nach der Scheidung schätzte Raimund den Geist und den Austausch mit Norma und besuchte sie regelmäßig. Sie starb am 4. Februar 1977 in der Seniorenresidenz Augustinum im Münchner Hasenbergl. Die Familie unterhielt Freundschaften zu Künstlerkreisen, so zum *Simplicissimus*-Zeichner Olaf Gulbransson und dem Bildhauer Bernhard Bleeker. Auch zu Karl Valentin und Liesl Karlstadt knüpfte sich eine Verbindung. Karl Valentin schätzte Raimund Lorenzer als Arzt. Die Familie wohnte im legendären Kefernest, Keferstraße 10 am Englischen Garten, ein Paradies am Schwabinger Bach. Olaf Gulbransson erwarb es 1906 vor allem wegen drei wunderschöner Birken im Garten. Er zog mit seiner zweiten Frau Grete Jehly ein und wohnte mit ihr sechzehn Jahre dort, bis zu ihrer Trennung. Das Kefernest war seither Treffpunkt von Künstlern und Literaten, schon Rainer Maria Rilke, Hermann Hesse und Ludwig Thoma verkehrten hier neben Zeichnern des Satireblatts *Simplicissimus* wie Karl Arnold und Thomas Theodor Heine. Nebenan zog der Bildhauer und enge Freund Gulbranssons Bernhard Bleeker ein. So waren auch Karl Valentin und Liesl Karlstadt Teil dieses Kreises. In ihren Briefen an Norma ließ sie häufig auch Grüße an Raimund Lorenzer und Olaf Gulbransson ausrichten.

Im Kefernest war Liesl Karlstadt ein gern gesehener Gast, oft blieb sie dort über Nacht. In einem Alkoven, einer Nische abgetrennt durch einen großen Vorhang, wartete stets ein Ausziehsofa auf sie.

Als Kind hatte Brigitte Eriksson zu Liesl Karstadt ein sehr inniges Verhältnis. Als ihr geliebter Vater sich für eine andere Frau und eine zweite Familie entschied,

fühlte sie sich von ihm zunächst sehr verlassen. In dieser Zeit gab ihr Liesl Karlstadt Halt und vor allem Wärme und Geborgenheit. Brigitte Eriksson berichtete von Liesl Karlstadt als einer ganz besonders warmherzigen Frau, von der sie sich sehr geliebt und getröstet fühlte. Eines Tages nahm ihr Vater Raimund Lorenzer Brigitte mit in die Klinik, alle behandelten sie als etwas Besonderes, weil sie seine Tochter war. Er meinte, es sei interessant für sie, wenn sie ihm dabei zusähe, wie er anderen Kindern die Mandeln rausschnitt. Sie fand das grausam. Anschließend schwor sie Liesl, niemals im Leben Ärztin werden zu wollen und das Blut spritzen zu sehen. Sie sei froh, dass die Liesl keine Ärztin war, sondern die Liesl.

Wenn Liesl Karlstadt im Kefernest übernachtete, durfte Brigitte sich am Morgen zu ihr ins Bett kuscheln. Sie liebte das und beschrieb ihre erwachsene Freundin später als warm, weich, knuddelig und immer gut nach Rosen duftend. Zu diesem Brauch gab es zwischen den beiden ein geheimes Ritual: Brigitte machte ganz leise Geräusche, kratzte an der Wand oder flüsterte »Bist du wach?« durch den Vorhang, hinter dem sich das Schlafsofa befand. Zum Zeichen, dass sie wach war, schüttelte Liesl Karlstadt ihr Bettelarmband mit den vielen kleinen Anhängern. Das Klimpern signalisierte Brigitte, dass sie zu ihr ins Bett schlüpfen durfte. Anschließend wurde jeder einzelne Anhänger besprochen und Geschichten ausgetauscht. Brigitte mochte es sehr, wenn Liesl auf Bairisch den *Ententraum* rezitierte. Den kannte sie auswendig und Bairisch war ihre Lieblingssprache. Sie mochte es sehr, Bairisch von Liesl zu hören und mit ihr zu sprechen. Alle anderen Erwachsenen sprachen Hochdeutsch und Norma mit amerikanischem Akzent.

Das Kefernest war ein Idyll am Schwabinger Bach. Brigitte Eriksson mit ihrem Vater Raimund.

Brigitte Eriksson beschrieb ihren Vater als sehr liebevoll und brachte das sehr schwer in Einklang mit seiner fanatischen Begeisterung für Hitler und den Nationalsozialismus, die bis zu seinem Tod anhielt.

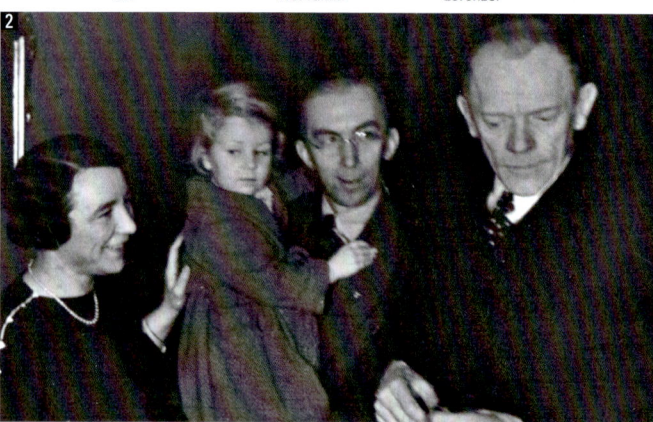

Dr.		Dr.		Dr.	
	Schwaiger		Wittmann		Trump
	Hoeflmayr		Torama		Tillmetz
	Stadler		Röckerat		Pointner
	Bauriedl		Hattingberg		Panzer
	Baumann		Weiler		Holländer (Berlin)
	Aub		Kleeblatt		Robischek (Berlin)
	Quallio		Weil 1		Lautenheimer
	Schwenninger		Weil 2		Nussbaumer
	Schweissheimer		Hüssgen		Weng
	Lindpeintner		Guttberlett		Bumke (Geheimr.)
	Ringler		Lötsch		Fleck
	Müller		Rupp		Längst
	Sauerbruch		Ludwig		Mette
	Hahn		Zimmermann		Schlemmer
	Spielmeier		Rentsch		v. Trenk
	Iserlin		Schwarz (Wien)		Stöger (Planegg)
	Hornung		Fliess (Berlin)		Willmann
	Simon		Grunauer		Grandauer
	Friede		(Perlacher Arzt)		Weixl (Schweiz)
	Bauer (Naturheilk.)		Hense		Fischer Senior
	Eliasberg		Japplonowsky		Fischer Junior
	Lissmann		Geist		Nerz (Wien)
	Grünwald		Tarrasch		Keller (Naturheilk.)
	Jaut		Seif		Gürster
	Feuchtwanger		Credner		Moran (Berlin-
	Jost		Constantin		Arzt des Führers)
	Bock		Peters (Frau Dr.)		Malecieu
	Merkl		Falk 1		Weber
	Ertl		Falk 2		Haase
	Gai		Wolframm		Lorenzer

Frohes
Weihnachtsfest

meiner lieben Norma.
die mir dieses Jahr wieder
so viel geholfen hat.
Mit viel Liebe Deine
Liesl Karlsbad

Mit ihrer besten Freundin Renate spielte sie am liebsten im herrlichen Garten des Anwesens Indianer. Aus Decken bauten sie neben dem Bach ein Zelt, steckten sich bunte Federn ins Haar und bemalten sich die Oberkörper mit hellbrauner Farbe und bunten Symbolen. Der ältere Bruder der Freundin ärgerte sie und meinte, dass sie nicht mehr lange Indianer spielen konnten, weil sie dann zu groß wären, um als Mädchen noch ohne Oberteil rumzulaufen. Die Mädchen machte das wütend und traurig. Da fingen sie einen Indianertanz an und erinnerten sich an ein »Indianerlied«, das ihnen Liesl Karlstadt bei ihrem letzten Besuch beigebracht hatte. Sie sangen es drei Mal, während sie dazu tanzten. Danach fühlten sie sich viel besser.

Indianerlied, das Liesl Karlstadt Brigitte beibrachte:
Uni uni massantell kum kee kum ky kaa
Uni uni massantell kum kee kum ky kaa!
Quo quo, quo quo monchaary chaary michamprory
quory quninqaunquaai!

Wenn Liesl Karlstadt von einer Tournee mit Karl Valentin aus Berlin zurückkam, schrieb Brigitte Eriksson in ihren Memoiren, wirkte sie immer völlig ausgelaugt von all dessen Ängsten und Launen. Alles machte Valentin nervös: die fremde Stadt, die Autos, die Straßen, die Häuser, die er nicht kannte, bis man endlich am Theater war. Das machte es schwierig, mit ihm zusammen zu sein. So war Liesl Karlstadt dann glücklich, im Kefernest von Norma Lorenzer verwöhnt zu werden: »Mumi knows her so well and spoils her.« Liesl und Brigitte freuten sich, miteinander zu spielen und Spaß zu haben. Auch später noch war es für Brigitte Eriksson schwer zu erklären, dass zwei Menschen wie Liesl Karlstadt und Karl Valentin, die fähig waren, andere zum Lachen zu bringen, bis ihnen die Tränen kamen, unter allen Arten von Ängsten und Depressionen litten. Von Norma Lorenzer fühlte sich Liesl Karlstadt verstanden. Sie schrieb ihr regelmäßig, machte lange Spaziergänge und fuhr in den Urlaub mit ihr.

Dieses Buch folgt auf eine Ausstellung, die unter dem gleichen Titel zum 125. Geburtstag von Liesl Karlstadt im Valentin-Karlstadt-Musäum gezeigt wurde. Diese präsentierte die Briefe von Liesl Karlstadt an Norma Lorenzer erstmals der Öffentlichkeit. Die zahlreichen hier abgedruckten Bilder, weitgehend aus dem Archiv des Valentin-Karlstadt-Musäums, dienen nicht nur der Illustration, sondern vor allem der Dokumentation.

Ärzteliste von Karl Valentin, hier gab Valentin 88 Personen an, die er konsultiert haben wollte, darunter auch Raimund ⸱renzer. **2.** Mit Familie Lorenzer pflegten Karl Valentin und Liesl Karlstadt eine langjährige Freundschaft. Liesl Karlstadt, ⸱aimund Lorenzer mit seiner Tochter Brigitte und Karl Valentin. **3.** Fast ein zweites Zuhause: Liesl Karlstadt mit Raimund ⸱renzer im Garten des Kefernestes. **4.** Weihnachten 1937 bei Familie Lorenzer. **5.** Geschenkanhänger Weihnachten 1937 ⸱i Familie Lorenzer.

1892
Von Anfang an

Liesl Karlstadt wurde am 12. Dezember 1892 als Elisabeth Wellano in der Ziebland-
straße 11 im Münchner Stadtteil Maxvorstadt geboren. Sie war das fünfte von neun
Kindern der Eheleute Ignaz und Agathe Wellano, die am 28. September 1889 von
Osterhofen/Niederbayern nach München zugezogen waren. Zum Zeitpunkt von
Elisabeths Geburt waren zwei ihrer Geschwister bereits verstorben. Von den vier nach
ihr geborenen Geschwistern überlebte nur das jüngste, Liesl Karlstadts zehn Jahre
jüngere Schwester Amalie. Beide hatten am selben Tag Geburtstag und blieben ein
Leben lang aufs Engste verbunden. Der Vater war Bäcker und arbeitete 25 Jahre lang
in der Bäckerei Riegler am Frauenplatz gegenüber dem Dom. Die wirtschaftlichen
Verhältnisse der Familie Wellano waren äußerst ärmlich. Ihre Wohnung bestand aus
einem einzigen Zimmer, das Geld reichte vorne und hinten nicht. Der Versuch der
Mutter, in der Schwanthaler-Straße einen Milchladen zu eröffnen, scheiterte schon
nach wenigen Monaten.

Elisabeth war ein kleines, zierliches, aber aufgewecktes Mädchen. Sie besuchte
die St. Ludwigs Werktagschule in der Amalienstraße und war eine begeisterte
Schülerin mit ausgezeichneten Noten. Eigentlich wollte sie Lehrerin werden,
doch dazu fehlten die Mittel. So machte sie nach der Schule eine Ausbildung zur
Textilverkäuferin bei der Firma Eder am Viktualienmarkt, wo sie monatlich 10 Mark
Lehrgeld und freie Unterkunft erhielt. Nach der Lehre fand sie ab dem 1. Juli 1908

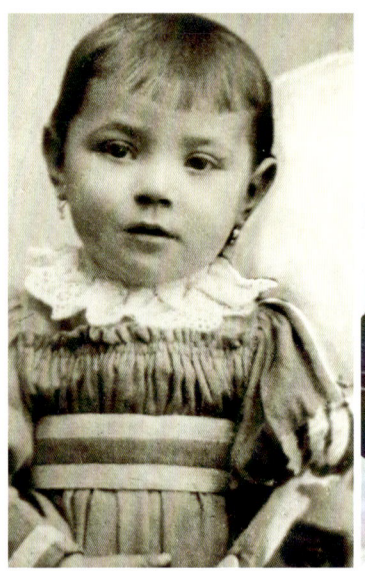

im Warenhaus Tietz, dem heutigen Karstadt am Hauptbahnhof, eine Anstellung als Verkäuferin in der Kurzwaren-Abteilung. Hier verdiente sie monatlich 45 Mark und verkaufte hauptsächlich Besenlitzen an ihre Kundschaft, wie sie 1955 in einem Rundfunkinterview erzählte. Die Frauen trugen damals bodenlange Röcke. Um die Rockstöße zu schonen, wurden sie mit fest gewebten Bändern versehen, mit denen die Damen Münchens damals viel Staub aufwirbelten und die Straßen kehrten. Im April 1909 starb Liesls Bruder Hermann im Alter von 15 Jahren und am 22. Juni 1909 die Mutter. Nun musste sich die junge Liesl vermehrt um ihre Familie, insbesondere um ihre jüngste Schwester Amalie kümmern. Amalie Wellano erzählte später immer wieder, eigentlich wäre die Liesl ihre Mutter gewesen.

Über Liesl Karlstadts Weg zum Theater gibt es widersprüchliche Angaben. Vermutlich dürfte es so gewesen sein: Ihr Bruder Franz Xaver hatte sie in den Bamberger Hof eingeladen, wo die Münchner Alpensänger-Gesellschaft Schnackl Franz gastierte. Die 17-jährige Liesl war begeistert, was man ihr wohl auch angesehen hat. Nach der Vorstellung kam der Direktor der Truppe zu ihr an den Tisch und fragte sie, ob sie nicht Lust habe, in so einer Truppe mitzuwirken, denn er suche eine Anfängerin. Damit war das »Theaterfeuer« gelegt, und Liesl Wellano musste mit ihrem Vater reden, der alles andere als begeistert war. Beim Schnackl Franz hat Liesl Karlstadt zwar nie gespielt, doch der Entschluss war gefasst.

Geklappt hat es dann 1911 bei der Gesellschaft des Adalbert Meier. Theo Riegler berichtet in seiner Liesl Karlstadt-Biografie von einem Brief, den er von dessen Ehefrau Mizi Meier erhalten hatte.

Liesl Karlstadt als Soubrette

Ich möchte Ihnen schreiben wie Liesl Karlstadt zur Bühne kam. Mein verstorbener Mann Adalbert Meier hatte im Frankfurter Hof in der Schillerstraße eine Dachauer Bauernkapelle. Wir suchten zur Zeit eine Anfängerin. Ein Musiker von uns sagte, dass er ein Mädel kennt, die beim Tietz Verkäuferin ist. Mein Mann ging hin und engagierte Liesl. Sie war voller Freude. Nun wurde sie unser Lehrmädchen. Sie kam zur Probe. Stimme hatte sie ganz wenig, aber in Komödien konnte man sie brauchen. Ich habe mit ihr Duette studiert: Die flotten Mäderl, Waschermadeln! usw.

Liesl Karlstadt war Soubrette im Flitterkleid. Im fraglichen *Konzert der lustigen Dachauer* im Frankfurter Hof ist als Programmnummer 10 das Lied *Zwei flotte Mäderl* angegeben, gesungen von Elisabeth Wellano und Mizi Meier, gefolgt von der Programmnummer 11, Karl Valentin *Der Blödsinnskönig*. So lernten sich Liesl Karlstadt und Karl Valentin kennen.

Vier Monate spielte Liesl Karlstadt für 90 Mark pro Monat abends im Frankfurter Hof und arbeitete tagsüber für 45 Mark pro Monat im Kaufhaus Tietz. Zum Bedauern der Kaufhausleitung kündigte sie am 15. Februar 1911 ihre Stellung und erhielt ein ausgezeichnetes Zeugnis. Jetzt war sie im Theater angekommen.

Den Rest erzählte Liesl Karlstadt in Radiointerviews 1955 und 1957 selbst:

Und nach einigen Tagen hat der Karl Valentin zu mir gesagt, Sie Fräulein, ich muss Ihnen schon sagen, als Soubrette sind Sie unmöglich. Wissen Sie, Sie sind zu schlank als Soubrette, als Soubrette muss man einen großen Busen haben, das war damals recht

Im Alpensängerterzett

modern, außerdem, hat er gesagt, sind Sie viel zu schüchtern, Sie schaun aus wie ein Kommunionmäderl auf der Bühne. Ich tät Ihnen empfehlen, dass Sie sich aufs komische Fach verlegen. Das ist das Geeignete für Sie.

Daraufhin war ich nun erst mal beleidigt, weil ich mir doch eingebildet hab, ich bin eine gute Soubrette. Ich schreib Ihnen mal in der nächsten Zeit ein komisches Soubretten-Couplet, also eine Parodie auf eine richtige Soubrette und das bringen's, hat er gesagt. Und das hat er mir dann geschrieben, und ich hab es auswendig gelernt. Da hab ich mich aber dann nicht so schön angezogen wie im Flitterkleid, sondern schon ein bisschen auf komisch gemacht. Damals war es Mode, dass man irgendeinen Herrn im Publikum ansingt als Soubrette. Er hat mir ein Couplet geschrieben mit einem Refrain ›Ach nimm mir diesen Stein vom Herzen, bereite mir nicht so viel Kummer, so viel Schmerzen‹, und bei dem Satz ›Ach nimm mir diesen Stein vom Herzen‹ hab ich aus meinem Busen einen kleinen Isarstein herausgezogen und hab ihn auf die Bühne hingeworfen. Das war ein großer Erfolg.

Und dann hat der Valentin mir vorgeschlagen, ob wir uns nicht zusammentun möchten und dann haben wir uns zusammengesetzt und haben gemeinsam eine kleine Szene zusammengebaut, und zwar mit dem Namen ›Die Volkssängertruppe namens Alpenveilchen‹.

Und damit war Liesl Karlstadt angekommen im Kreis der bekannten Münchner Unterhaltungskünstler. Immer wieder trat sie als eigenständige Vortragskünstlerin in Programmen gemeinsam mit Karl Valentin auf, als Lisi Maxstadt, später als Liesl Karlstadt. 1913 spielte sie in Valentins erstem Kurzfilm *Valentins Hochzeit* das Dienstmädchen. Daneben wirkte sie in anderen Gruppierungen mit, wie etwa in den Komödien des Chr. Kippers 1. Münchner Possen-Singspiel- und Schauspielensemble oder in der Theater-Gesellschaft Gum-Kaufmann.

Im Jahr 1914 starb Liesl Karlstadts Vater. Nun war sie ganz allein für ihre zwölf-jährige Schwester Amalie verantwortlich.

Ab 1915, nachdem Karl Valentin mit ihr gemeinsam im Kabarett Wien-München im Hotel Wagner in der Sonnenstraße ihre erste eigene Volkssänger-Gesellschaft eröffnet hatte, war Liesl Karlstadt nur noch die Partnerin des großen Karl Valentin. Damit nahm eine unvergleichliche Karriere ihren Anfang, die sie zu einer der bedeutendsten Volksschauspielerinnen ihrer Zeit machen sollte.

Bis in die 1930er-Jahre entwickelten Karl Valentin und Liesl Karlstadt kurze eigenständige Theaterszenen, mit denen sie im Duo oder in kleinen Besetzungen

in den gemischten Programmen der Münchner Singspielhallen und Varietés auf-
traten, meist als die Attraktion des Abends: *Sturzflüge in den Zuschauerraum, Der
Firmling, Im Photoatelier, Musikal-Clowns, Elektrotechniker, Im Schallplattenladen,
Der Theaterbesuch, An Bord, Der Bittsteller* und noch etliche mehr. Mit der Szene
Christbaumbrettl gastierten sie 1922 erstmals an den Münchner Kammerspielen.
In der Folge entstanden auch längere Stücke, *Brillantfeuerwerk* und *Raubritter vor
München*. 1924 eroberten sie Berlin, und ihr Gastspiel 1928 im Berliner Kabarett der
Komiker machte sie zu den größten Unterhaltungsstars Deutschlands.

Liesl Karlstadts Domäne waren Hosenrollen. Immer wieder spielte sie Männer
oder freche Buben. Waren Frauen darzustellen, beschränkten sich deren Rollen auf
Figuren wie Ehefrau, Verkäuferin oder Bedienung, also auf die Frau als funktionales
Neutrum. Das Weibliche als eigene Qualität kommt in Karl Valentins Theaterwelt
mit Ausnahme des *Kocherl* im *Brillantfeuerwerk* nicht vor.

Und so entstanden diese merkwürdig großartigen Szenen, wie Liesl Karlstadt
1957 erzählte:

*Der Valentin hat gar keine Geduld gehabt, das aufzuschreiben, sondern wir sind in
die Probe gegangen, bloß mit einer Idee. Wir haben dann darüber gesprochen, und ich
hab dann immer so Zetterl, es durften nur Zetterl sein, er konnte kein Manuskript
sehen, das hat er sich gar nicht anschauen traun (...), dann hab ich auf Papierzetterl
geschrieben, was ich für gut befunden habe. Dann haben wir uns darüber unterhalten.
Ich hab oft einen ganzen Stoß solcher einzelner Blätter gehabt und habs dann zuhause
zusammengesetzt, die besseren am Schluss, die schlechteren an den Anfang, und so
entstand dann allmählich das Stück. Und dann, wenn's ich ganz im Kopf gehabt
hab, dann hab ich ihm auf der Probe alles souffliert und ihm alles eingesagt und bei
dem Soufflieren ist es dann auch geblieben. Er hat (...) jeden Tag, bevor der Vorhang
aufgegangen ist, bei jedem Stück, was wir schon hundert- oder zweihundertmal
gespielt haben, gesagt, gell, wissen tu ich gar nichts, du sagst mir jedes Wort ein. Und
das hab ich auch siebenundzwanzig Jahre lang gemacht, ohne dass es jemand im
Publikum gemerkt hat. Aber die allerbesten Einfälle, die witzigsten Sachen sind dann
erst während der Aufführungen entstanden. Nur ist dann so viel verloren gegangen,
wenn da gute Laune war und gutes Publikum da war, die ihn verstanden haben, dann
sind so viele neue Sachen gefallen (...), und unterm Spielen hab ich mir gedacht, das
muss ich mir merken, und er auch, aber wenn wir fertig waren, haben wir von zehn
Witzen bloß mehr einen gewusst.*

1. Liesl Karlstadt als Ladislaus, **2.** Als Raubtierbändigerin,
3. Als Kare mit Zigarre, **4.** Als Frau Juno **5.** Als Lucki von der Au
6. Als Obsthausiererin, **7.** Als billiger Jakob

Das war also Liesl Karlstadts Aufgabe im Valentin'schen Theater: Er improvisierte, sie musste ihm folgen, immer parat sein für all seine Einfälle und Wendungen und die passende Antwort darauf finden. Er agierte, sie reagierte. Er konnte ganz für sich sein, sie nur für ihn. Diese Leistung kann gar nicht hoch genug eingeschätzt werden. Und dabei musste sie auch noch den Überblick behalten, denn der ganze Irrsinn sollte am Ende ja ein aufführbares Theaterstück ergeben.

Die Quelle für all dieses wahnsinnige Treiben auf der Bühne war die Beobachtung.

Und wir sind auch oft absichtlich in eine ganz kleine miese Wirtschaft gegangen, mit einer Zeitung in der Hand, da haben wir so getan als ob wir lesen würden, und haben dann die Typen beobachtet, die da so gesessen sind. Die ganzen Manieren, was sie mit den Händen machen und wie sie trinken und wie sie essen, das hat uns alles interessiert. (…) Nirgends konnte man dem Volke besser aufs Maul schaun, nirgends konnte man besser studieren, mit welchem Griff ein echtes Münchner Vorstadtgwachs seinen Maßkrug anfasst und wie der Herr Schreinermeister von nebenan seinen unförmigen Regenschirm abstellt und seinen altersschwachen Goggs [Melone] aus der Stirn schiebt, ehe er einen Zug macht.

Liesl Karlstadt war die Seele des Duos Valentin/Karlstadt: Darstellerin, Sekretärin, Stückemontiererin, Regisseurin, Maskenbildnerin, Souffleuse, Agentin, Büroangestellte. Aber nicht nur das. Sie war auch Geliebte, Partnerin, Kindermädchen für den »großen Bruder«, Nervenärztin, einfach alles.

Sturzflüge in den Zuschauerraum

Valentin hat immer Angst gehabt vorm Reisen. Wenn Briefe gekommen sind von außerhalb, was sehr oft der Fall war, dann hat er gesagt um Gottes Willen, ein Engagement nach auswärts trau ich mir nicht lesen, sonst kann ich schon wieder acht Tag nimmer schlafen. Und meine Hauptarbeit die siebenundzwanzig Jahre, die wir zusammen gearbeitet haben, bestand eigentlich untertags im Abschreiben von Angeboten nach auswärts.

Valentins Domäne war die Improvisation. Er war der »Jazz-Musiker« des Theaters. Im Moment des Spiels auf der Bühne stand er immer vor dem Nichts, zurückgeworfen auf sich selbst. Auf nichts sonst konnte er sich verlassen, an nichts sonst konnte er sich festhalten, außer an seiner Liesl. Zweierlei umgab ihn, die Liesl und die Angst. An beidem klammerte er sich fest. Jeden Abend musste das Theater neu entstehen, aus dem Nichts, mit bekannten Versatzstücken zwar, was aber helfen die schon in dem Moment, wenn es darauf ankommt. Valentin war ein Ereignis und nichts als ein Ereignis. Jeden Abend rettete er sein Leben. Das war seine Kunst. Und daran ging die Liesl zugrunde, denn in diesem Spiel hatte sie keine Chance. Sie war ihm ausgeliefert mit Haut und Haaren. Seine Angst war zugleich seine Macht.

Karl Valentin entstammte einer gut situierten Familie, seine Eltern betrieben ein Fuhrunternehmen, persönliche Not kannte er nicht. Er hatte drei Geschwister, die alle starben. Valentin ist daher als »übrig gebliebenes« Kind aufgewachsen. Seine Mutter war eine einfache, tendenziell ängstliche Frau. Sie setzte alles daran, dass ihrem letzten verbliebenen Sohn nichts passierte. Überall lauerte Gefahr. Allerdings

Mondraketenflug

Der Firmling

verstand sie es nicht, dem Kind Grenzen zu setzen. Er durfte praktisch alles. Man kann sagen, Valentin wurde nach Strich und Faden verzogen. Zudem erkrankte er schon früh an Asthma, was ihn stark behinderte. Seine Asthmaattacken waren der Beweis, dass ihm immer irgendetwas passieren und er jeden Moment ernsthaft krank werden könnte. Valentin hatte die Angst gelernt und wie man sich selbstbewusst mit ihr und gegen sie behauptete. Vielen seiner Bühnenfiguren ist dieses Wesen zu eigen.

Die Liesl hatte ebenfalls Geschwister, die gestorben waren. Doch sie war nie ein übrig gebliebenes Kind. Außerdem kannte sie die Not. In der Not hat man keine Zeit, Angst zu haben, da muss man funktionieren. Und die Liesl musste immer funktionieren. Die Haltung, das Leben zu nehmen, wie es kommt, weil man eh nichts machen kann, außer eben das Bestmögliche, war tief in ihr eingegraben.

Das Verhältnis zwischen Karl Valentin und Liesl Karlstadt beschränkte sich keineswegs nur auf eine künstlerische Zusammenarbeit. Am Anfang stand ein Liebesverhältnis. Doch Valentin hatte bereits zwei Töchter mit Gisela Royes, dem ehemaligen Dienstmädchen seiner Eltern, mit der er ab 1902 liiert war, was ihn allerdings nicht daran hinderte, auch andere Liebschaften zu pflegen. Am 31. Juli 1911 heiratete er Gisela Royes, die zeitlebens seine Ehefrau blieb.

Valentin trennte sein Leben als Familienvater offenbar sehr deutlich von seinem Leben als Künstler: sich zu Hause versorgen lassen, dazu Kinder und Ehefrau, und außerhalb Bühne und Liesl. Das Verhältnis zwischen den beiden Frauen war verständlicherweise aufs Höchste gespannt. Vermutlich war Karl Valentin Liesl Karlstadts große Liebe, ohne Aussicht, je Frau Valentin Fey,

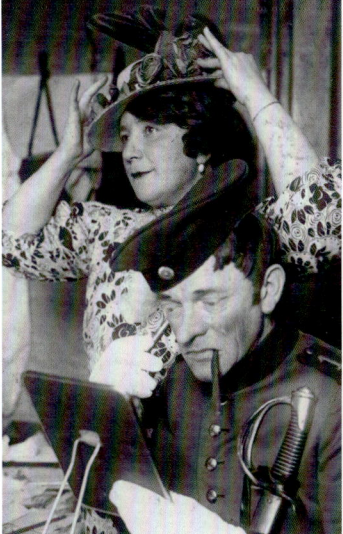

wie er mit bürgerlichem Namen hieß, werden zu können. Im Gegenteil. In der Öffentlichkeit sprach Valentin stets vom Fräulein Karlstadt und ließ des Öfteren per Zeitungsannonce erklären, dass sie nicht seine Frau sei.

Diese beiden Menschen waren sowohl in ihrer Arbeit wie auch in ihrem Privatleben heillos miteinander verstrickt. Valentin war das Netz, Liesl Karlstadt der Fisch. Hieraus gab es für sie kein Entkommen. Valentin war besessen von der Angst, sie zu verlieren, privat und beruflich. Jeden Schritt, den sie alleine machte, betrachtete er mit Argwohn. Selbst ihre geliebten Ausflüge ins Gebirge duldete er nicht, es könnte ja etwas passieren. Sie konnte machen, was sie wollte, er war dagegen. Sein Argument: Ich hab dann so viel Angst, und das kannst du mir nicht antun. Im Mittelpunkt stand immer er mit seiner Angst.

Die Frage, wie es ihr dabei eigentlich ging, stellte sich nie, konnte sich gar nicht stellen, denn sie musste ja alles aufrechterhalten, ihn, den Betrieb und sich selbst. Sie musste funktionieren, doch plötzlich funktionierte sie nicht mehr.

Liesl Karlstadt als Oktoberfestausruferin

Mit Karl Valentin in der Garderobe

Als Musikal-Clowns

1928-1934
Das macht alles das Fräulein Karlstadt

1928 stand das Paar Valentin/Karlstadt auf dem Höhepunkt seines Schaffens. Anfang des Jahres gastierte es im Kabarett der Komiker in Berlin. Sie waren dort die großen Stars. Publikum wie Presse feierten die beiden.

Sogar Amerika rief, aber da traute sich Karl Valentin nicht hinzureisen. Wegen seiner großen Reiseangst nahm Valentin Auswärtsangebote nur sehr selten an. Meist bedurfte es hierzu der großen Überredungskunst von Liesl Karlstadt. Doch der Zenit war überschritten. Zwei Krisen setzten gleichzeitig ein: eine berufliche und eine private. So begann ein Sterben der Volkssängerbühnen, den klassischen Auftrittsorten von Valentin/Karlstadt. Der Ruhm des Duos sollte im neuen Medium Film fortgesetzt werden, allerdings schätzte Valentin die Zeichen der Zeit falsch ein und eigenständige Filmprojekte scheiterten. Kommerziell gesehen, waren die Jahre 1928 bis 1932 dennoch mit die erfolgreichsten.

Insbesondere ihre Auftritte im legendären Kabarett der Komiker in Berlin verschafften Valentin/Karlstadt Ruhm und Anerkennung in ganz Deutschland. Die Gastspiele 1928 und 1929/30 waren über Wochen ausverkauft, und sie erhielten Rekordgagen.

In Berlin war es schick, zu Valentin/Karlstadt zu gehen, man gab sich die Klinke in die Hand. Kritiker wie Roda Roda, Kurt Tucholsky, Kurt Pinthus und Egon Erwin Kisch überboten sich in ihrem Lob, jagten sich in Superlativen für das

Hinter den Kulissen
des Kabarett der
Komiker in Berlin, 1930

Ankündigungsplakat,
November 1929

Komikerduo aus München, Künstler wie Walter Trier zeichneten und die berühmte Fotografin Lotte Jacobi porträtierte sie. Die spanische Zeitschrift *Estampa* verglich Karl Valentin mit Charlie Chaplin, Harold Lloyd und Buster Keaton. Eine Berliner Zeitung schrieb:

> *Man muss jeden Satz, jedes Wort aus dem Munde dieses Künstlerpaars hören, man muss jede Bewegung sehen und so zusammen lacht man sich schief. Man denkt, man fühlt, man glaubt: Niemals mehr zu lachen aufhören zu können. Es ist so spassig, es ist so tragikomisch, ja, es ist eigentlich alles zusammen: Unbegrenzt sentimental und unbegrenzt unsentimental. So hob man sie aus ihrem einfachen Milieu heraus, um sie in diesem Monat im Kabarett der Komiker am Kurfürstendamm zu präsentieren. Die Direktion wußte, welchen Fang sie mit diesem Künstlerpaar machte, obgleich man sich eigentlich nicht gut vorstellen kann, wie Karl Valentin und Liesl Karlstadt sich in dem Milieu des Kurfürstendamms wohl fühlen können.*

So war es auch: Liesl Karlstadt schlenderte gerne durch die Großstadt mit ihren Boulevards und ihren Lichtern, doch Karl Valentin kam fast um vor Heimweh. Und wie so oft war es an Liesl Karlstadt, das auszugleichen, es auszuhalten und ihn zum Bleiben zu bewegen. Schon nach zehn Tagen wollte er wieder zurück, obwohl sie sich für über einen Monat für das Gastspiel verpflichtet hatten. Er gab eine Luxation am Fuß vor, die er sich auf der Bühne zugezogen hatte, als er sich in den Instrumenten verheddert. Es handelte sich aber offenbar um eine eher harmlose Verletzung,

die ihn am weiteren Auftreten in Berlin nur vermeintlich hinderte. Valentin war jedenfalls Ferdinand Sauerbruchs erster Münchner Patient in Berlin. Kurz zuvor hatte der Arzt München verlassen, um einem Ruf an die Charité zu folgen.

Kurt Robitschek, der Direktor des Kabaretts der Komiker, bekniete Valentin zu bleiben und bot ihm eine sagenhafte Tagesgage von 350 Mark an, die höchste, die dort bis dahin je für einen deutschen Künstler gezahlt wurde. Er gab zu bedenken, die Leute würden bei einem frühzeitigen Abbruch sagen, dass das Duo nicht mehr richtig gezogen habe, und bat um den Ausgleich einer Absage von 1926. Damals hatten alle Bemühungen Robitscheks – »die Sammlung einer großen Anzahl bayerischer Ehrenjungfrauen, die Ihnen mit Vollbusigkeit und durch ein herzlich ausgerufenes ›Leckmiamorsch‹ den Einzug und Aufenthalt in Berlin erleichtern sollten«, die Einrichtung eines Münchner Hofbräuhauses in Berlin sowie die Zusicherung, alle »Sicherheitsvorkehrungen« für eine unbeschädigte Reise nach Berlin getroffen zu haben – Valentin nicht dazu bewegen können, ein Gastspiel im Kabarett der Komiker anzunehmen.

Liesl Karlstadt musste ihre gesamte Überzeugungskraft aufbringen, um Karl Valentin in Berlin zu halten. »Alloa des Münchner Tal is schöner als ganz Berlin!«, schrieb Valentin aus Berlin an seine Familie. Schließlich bewegten ihn der Zuspruch von Liesl Karlstadt und eine Kneipe, in der Löwenbräu ausgeschenkt wurde, zum Bleiben und seine Verpflichtungen bis zum Schluss zu erfüllen. Zurück in München, antwortete er auf die Frage eines Journalisten, was ihm in Berlin am meisten gefallen habe: »'s Münchner Bier«. Im Februar 1929 klagte er über eine Bronchitis, und Ende des Monats reiste das Komikerduo dann aus Berlin ab. Es folgten ein Gastspiel im Friedrichsbau-Theater in Stuttgart und ein Auftritt in Bad Tölz.

1928 markiert auch den Beginn von Liesl Karlstadts persönlicher Krise. Wegen einer Melancholie begab sie sich in die Hände des Individualpsychologen Dr. Leonhard Seif. Seif beschrieb diese Verstimmung als eine Reaktion auf Karl Valentins Verhältnis zu seiner Sekretärin, die sie »reaktiv« löste. Laut Seif rief Valentins Untreue eine endogene Depression in ihr hervor, die mit Arbeitsunfähigkeit, Angst, Suizidgedanken und psychomotorischen Hemmungen verbunden war, die allerdings nur einige Wochen angedauert habe. Später habe er sie dann lange nicht behandelt, weil sie zu »Hypnotiseuren, Kurpfuschern und anderen Ärzten« ging. Ihren Seelenschmerz linderte Liesl Karlstadt durch eine neue Liebe zu dem Chauffeur Josef Kolb, der sie und Karl Valentin fuhr. Liesl Karlstadt traf sich mit ihm, wenn Valentin bei seiner Familie war und sie keine Beachtung von ihm fand. Die Depression schien bald vorbei. Sobald es ihr hohes Arbeitspensum zuließ, unternahm die leidenschaftliche Bergsteigerin Ausflüge ins Gebirge und reiste nach Italien.

Mit Kolb verlobte Liesl Karlstadt sich auch, dennoch hielt die Beziehung nicht. Als Kolb 1935/36 starb, waren die beiden kein Paar mehr, zwischen ihnen stand Karl Valentin, und so löste Kolb die Verbindung. Liesl Karlstadt heiratete nie. Das Verhältnis zu Kolb gestand Liesl Karlstadt erst sieben Jahre später unter großen Selbstvorwürfen. Valentin meinte dazu, sie hätte sich etwas Besseres aussuchen können, das verstimmte sie noch mehr.

Seit sie ein Paar waren, künstlerisch wie privat, erhob Karl Valentin absolute Besitzansprüche auf Liesl Karlstadt. Was er sich selbstverständlich herausnahm – eine Ehefrau, bei der er auch während der Jahre mit Liesl Karlstadt blieb, sowie einige Techtelmechtel, Flirts und Abenteuer –, gestand er ihr nicht zu. In fast krankhafter Eifersucht ließ er sie beobachten oder untersagte ihr das Tanzen und nähere Gespräche etwa mit dem Bühnenmeister Josef Rankl, einem langjährigen Kollegen der beiden. Teilweise musste sie deshalb mit diesem sogar schriftlich über kleine Zettel kommunizieren. In Berlin ließ Valentin sie obendrein von einem Detektiv überwachen. Andererseits kam Valentin fast um vor Angst, wenn Liesl Karlstadt auf den Berg stieg oder sich beim Schwimmen weit hinaus in den See wagte. Ihr erster Biograf und Kollege Theo Riegler schildert, wie Valentin vor Sorge und Erschöpfung darüber noch Stunden später plötzlich in Tränen ausbrach und Liesl Karlstadt ihn dann erschrocken zu trösten begann.

Valentin mochte weder verreisen noch ins Gebirge. Mit Josef Kolb dagegen konnte Liesl Karlstadt auch ihre Leidenschaft für die Berge teilen. Wie aus ihrem Bergtagebuch hervorgeht, begleitete er sie zwischen 1928 und 1932 regelmäßig auf Berg- und Skitouren und an den See.

»Beruf: Nervenärztin, Nebenbeschäftigung: Komikerin«. So unterschrieb Liesl Karlstadt 1932 ein Foto von sich, eine Widmung für ihren Partner Valentin. Über zwanzig Jahre war es ihre Aufgabe, sein schwaches Nervenkostüm, seine Hypochondrie und sein extremes Lampenfieber auszuhalten, abzufedern und auszugleichen. Privat wie auf der Bühne war sie für Valentin, wie der humoristische Autor Hans Reimann schrieb, »Reifenhalterin und Souffleuse, sein mit himmlischer Geduld begabter guter Geist. Wo jedem anderen die Nerven explodiert wären, blieb die Liesl gütig und friedlich.«

Zunehmend kämpfte Liesl Karlstadt mit gesundheitlichen Problemen. Mitte September 1930 musste sie sich einer schweren Unterleibsoperation unterziehen. In ihrem Album dokumentieren Fotos einen Ausflug an den Tegernsee, kommentiert mit »Erste Ausfahrt nach ›Operation‹, Oktober 1930«. Später geht aus ihrer Krankenakte der Psychiatrischen Klinik hervor, dass sie danach keine Kinder mehr bekommen konnte. Dies bewahrte sie 1935 vor einer Zwangs-Sterilisation nach einem Gesetz der Nazis zur »Verhütung erbkranken Nachwuchses« bei psychischen Erkrankungen.

Im August 1933 begab sich Liesl Karlstadt mit Karl Valentin zunächst für sechs Tage ins Sanatorium Ebenhausen und reiste anschließend mit Alli, wie sie ihre Schwester Amalie gerne nannte, zwei Wochen nach Italien. Karl Valentin gefiel das nicht, einen Brief an den Gardasee im April 1932 adressierte er an: »Liesl Karlstadt Comikerin a.D«.

Ab Juni 1928 traten Valentin/Karlstadt erstmals nach ihren Gastspielen wieder in München auf, nahezu ununterbrochen bis zum Jahresende im Kolosseum. In München hatte jedoch ein Sterben der Brettlbühnen eingesetzt. Fehlende Auftrittsmöglichkeiten zwangen das Duo, sich nach Alternativen umzusehen. Traditionelle Auftrittsorte aus der Blütezeit der Volkssänger wie das Apollo, die Blumensäle und das Kolosseum konnten mit den neuen Bedürfnissen nicht Schritt halten. Während Liesl Karlstadt sich zunehmend als Schauspielerin etablierte, musste sich Valentin in seiner Eigenart eigene Projekte erfinden.

Am 3. April 1929 schloss das renommierte Apollo-Theater mit Valentins/ Karlstadts *Photoatelier* als Krönung einer rauschenden Abschiedsgala. Unter der

Meinem klinischen Partner & Patienten
Karl Valentin in nie versagender Geduld gewidmet
von   Liesl Karlstadt

Beruf: Nervenärztin   München
Nebenbeschäftigung: Komikerin   19. April 1932.

Es lächelt der See

Im Salzwasser

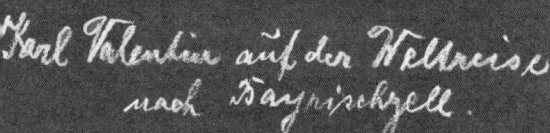

Karl Valentin auf der Weltreise nach Bayrischzell.

6

n der Seite von Karl Valentin hatte Liesl Karlstadt mannigfaltige
gaben. **2.** Karlstadts Verlobter Josef Kolb auf dem Hechtsee
Kufstein, April 1930. Aus ihrem Fotoalbum **3.** Liesl Karlstadt war
e leidenschaftliche Skifahrerin.   **4.** Mit Josef Kolb (links) konnte
auch ihre Leidenschaft für die Berge teilen. Hier am 6. März 1932
der Hochries auf dem oberen Sudelfeld. **5.** Liesl Karlstadt auf
r Italienreise im September 1933 beim Schwimmen im Meer. »Im
zwasser« schrieb sie daneben. **6.** Valentins 50. Geburtstag am 4. Juni
2. Liesl Karlstadt hält die Tischrede.

Überschrift »Abschied vom Apollo« schrieb eine Münchner Zeitung: »Immer mehr schmelzen die Stätten zusammen, an denen bodenständige Volkskunst, echtes Volkssängertum noch Unterkunft finden.« Nach Bühnenszenen, Liedern und Tänzen des Ensembles bezeugten Theaterdirektoren wie der Weiß Ferdl vom Platzl und andere in Kurzauftritten ihre Hochachtung. Liesl Karlstadt und Karl Valentin setzten dabei Höhe- und Schlusspunkt. Vergeblich hatte der Theaterdirektor zuvor versucht, Konzessionen für mehraktige Stücke von Autoren wie Anzengruber, Thoma und Ganghofer zu erhalten. Die *Süddeutsche Sonntagspost* beklagte, dass sich aus bürokratischer Engstirnigkeit große Volkssänger außerhalb Münchens eine Bühne suchen mussten:

> *Es gibt kein Podium für eine große Zahl ausgezeichneter Münchner Komiker und Volksschauspieler. Es gibt in München keine Bühne für Karl Valentin und seine Partnerin Liesl Karlstadt.*

So zog ins Apollo ein Warenhaus ein. Dem Kultusministerium wurde vorgeworfen, sich nicht darum zu kümmern, »Karl Valentin, diesem größten Genie, das es in Deutschland gibt, ein Haus zu schenken«, während es die Staatstheater in Watte packe.

1930 verfolgte Karl Valentin dann eigenständige Theaterpläne. Im Goethesaal, Leopoldstraße 46a, wollte er eine spezifische Valentin-Bühne etablieren. Diese eröffnete am 28. Februar 1931. Das Genehmigungsverfahren zog sich über Monate, weil die Polizeidirektion nahezu unerfüllbare Bedingungen für die Erlaubnis stellte, verbunden mit der Androhung strafrechtlicher Verfolgung und sofortiger Schließung bei Zuwiderhandlung. So gab es hohe feuerpolizeiliche Auflagen, und auch inhaltlich mussten die Darbietungen den religiösen, sittlichen und moralischen Anstandsgrundsätzen entsprechen. Die Behörde behielt sich vor, jederzeit ein Stück aus »Gründen der öffentlichen Ordnung« zu untersagen. Entnervt von den Behörden, schloss Valentin seine Bühne und gab bereits am 30. April seine Konzession wieder zurück. Liesl Karlstadt spielte im April noch im Schauspielhaus die Frau Vogl im *Sturm im Wasserglas*. Die Zeitungen berichteten über Valentins Nervenzusammenbruch ob all dieser Schikanen, und er pausierte drei Wochen. Liesl Karlstadt erholte sich zwischendurch bei Ausflügen ins Gebirge mit Josef Kolb und Freunden, vom 24. April bis 5. Mai fuhr sie dann nach Italien, an den Gardasee und nach Venedig.

Die Schwierigkeiten nahmen zu. Kurze Zeit nach der Aufgabe des Goethesaals

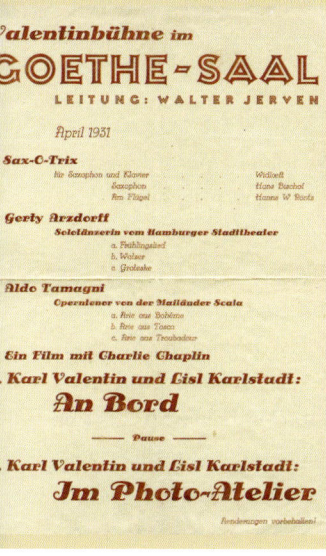

musste Valentin im August 1931 wegen »religiöser Schmähung« ein Bild des *Firmling* aus einem Schaufenster entfernen lassen. Ein Bürger hatte vor allem »das blöde Gschau« des Firmlings beklagt, dargestellt von Liesl Karlstadt mit Kommunionskerze in der Hand, und sah seine religiösen Gefühle verletzt. Karl Valentin und Liesl Karlstadt kündigten in den Zeitungen an, München zu verlassen. *»So jetzt hast es, jetzt werden wir noch rausgeschmissen auch; grad heut an meinem Firmungstag.«* (aus *Der Firmling*). Bereits zuvor hatte Valentin in einem offenen Brief an die Feuerpolizei angedroht, wegen feuerpolizeilicher Schikanen – so durfte in einer Stalllaterne auf der Bühne keine Kerze brennen – von München nach Berlin zu fliehen. Valentin konstatierte verzweifelt: »Auf unsere Stall-Laterne auf der Bühne passt der Branddirektor auf, und hinter seinem Rücken brennt der Glaspalast ab«. Er nahm Bezug auf die berühmte Konstruktion aus Stahl und Glas, die zur Ersten Allgemeinen Deutschen Industrieausstellung im alten Botanischen Garten 1854 entstanden war und am 6. Juni 1931 mit über 3000 darin ausgestellten einzigartigen Kunstwerken vollständig abbrannte. Den Flammen fiel auch eine bedeutende Sammlung der Deutschen Romantik zum Opfer, darunter ein Gemälde von Caspar David Friedrich.

Der Regisseur Max Ophüls vermochte es, in seinen Filmen Valentins Eigenheiten genial einzusetzen. 1932 dreht das Komikerduo mit ihm den Operettenfilm *Die verkaufte Braut*. Den Umgang Karl Valentins mit seiner Partnerin schilderte Ophüls folgendermaßen:

Valentins eigene Bühne scheiterte 1931 innerhalb weniger Wochen an den behördlichen Auflagen.

Ein ähnliches Schicksal widerfuhr bereits 1929 dem Apollo-Theater, einem wichtigen Auftrittsort des Komikerpaares.

Kurze Zeit nach der Aufgabe des Goethe-saals musste Valentin ein Bild des *Firmlings* wegen »religiöser Schmähung« aus einem Schaufenster entfernen lassen. Er drohte, München zu verlassen.

Das Fräulein war eine dicke Mamsell, die immer seit Jahr und Tag mit ihm auftrat und die ihm immer einhalf, wenn er nicht mehr weiter wusste in seinen kleinen Szenen, die er sich selbst ausgedacht hatte. Aus der Gedächtnisnot entstanden diese Dialoge. Sie heißt Liesl Karlstadt. Er lebte mit ihr wohl schon 30 Jahre zusammen, aber weil sie nicht verheiratet waren, nannte er sie immer noch respektvoll ›das Fräulein‹.

Am Ende der Dreharbeiten bekam Liesl Karlstadt eine Lungenentzündung, und so wurde die letzte Einstellung mit einem Double gedreht. Als Ophüls Valentin und »dem Fräulein« den Film erstmals zeigte, liefen ihm die Tränen übers Gesicht, weil er dauernd daran denken musste »wie das Fräulein so krank war« und auf der Leinwand eine Fremde neben Valentin schritt. Es ist bezeichnend, dass auch Ophüls Liesl Karlstadt als »das Fräulein« wahrnahm.

Es widerfuhr Liesl Karlstadt zunehmend, dass sie bei den großen Laudatoren wie Tucholsky und Polgar im Schatten Karl Valentins verschwand. Max Ophüls schätzte die große Genialität von Karl Valentin, seine Eigenheit, die es allerdings auch schwierig, fast unmöglich machte, mit ihm zu arbeiten:

Un wenn S' wollen, daß i spiel, i kann net sag'n, was gedruckt is; dös müssen S' mir immer vorher sag'n, was i sag'n soll. Un allein sag'n kann i's aa net, da bleib i steck'n. Das Fräulein muß es mit mir sag'n.

Der Regisseur löste das so, wie Valentin es wollte. Er erzählte kurz die Szenen, was darin passieren sollte, und ließ es die beiden dann spielen. Hinter der Kulisse waren vier Kameras verborgen, die aus vier Richtungen alles drehten, sodass nichts verloren ging. Auf diese Weise entstand eine Art Commedia dell'arte für die Leinwand. So ist der Film sehr von der Kunst Karl Valentins und Liesl Karlstadts geprägt: »groteske Lustigkeiten voller Philosophie und Tiefsinn«. Als die Ufa Valentin anschließend für ein Filmprojekt verpflichtete, fürchtete er sich vor der Reise nach Berlin so sehr, dass er, selbst als alle Forderungen erfüllt waren und man ihm einen Platz beim Lokführer zugesichert hatte, abtelegrafierte: »Mag net. Ich möcht in München sterben.«

Zur großen Tragik Valentins gehört es, selten die richtigen Regisseure und Produzenten gefunden zu haben, so wurden die meisten seiner Filmprojekte nie realisiert. Große Popularität erreichten meist die Kurzfilme von Valentin/Karlstadt, die auf den Bühnenstücken basierten. Valentin versuchte, seine dortigen Erfolge im Film fortzusetzen und damit auch auf das Kriseln der Volkssängerbühnen zu reagieren. Ein Großteil dieser Kurzfilme entstand zwischen 1932 und 1934, darunter *Im Photoatelier*, *Die Orchesterprobe*, *Der Theaterbesuch*, *Im Schallplattenladen*, *Der ver-hexte Schweinwerfer* und *Der Firmling*.

Die 1929 von Karl Valentin mit Liesl Karlstadt gegründete Karl Valentin Film-produktion scheiterte. Im Dezember 1929 kam der Spielfilm *Der Sonderling* in die Kinos. Valentin versuchte sich zum ersten und zum letzten Mal im Film in einer eigenen abendfüllenden Charakterkomödie. Anders als ursprünglich geplant mit »Klangeffekten« und »Dialogstellen«, entstand er als Stummfilm, denn der Tonfilm steckte noch in den Kinderschuhen. Bei Kritik und Publikum kam er gut an, kom-merziell war er hingegen nicht wirklich ein Erfolg. Die Produktionsbedingungen waren schwierig. Jahrelange Auseinandersetzungen um Finanzen folgten und führ-ten bald zur Auflösung von Valentins Filmproduktion.

Erfolg und Ruhm von Liesl Karlstadt waren nahezu unauflöslich mit Karl Valentin verbunden. Mit der Zeit wuchs ihre Sehnsucht nach Anerkennung und Solorollen, auch weil sich die Kritik oft mehr auf Karl Valentin konzentrierte. Ab 1930 begann Liesl Karlstadt sich zunehmend als Schauspielerin zu professionalisieren. Sie nahm Schauspiel- und Sprechunterricht. Im Dezember hatte sie als Frau Vogl im *Sturm im Wasserglas* von Bruno Frank ihre erste Schauspielrolle. Sie übernahm sie von Therese Giehse, die ein Engagement in Berlin annahm. Im Bayerischen Rundfunk und in Schauspielhäusern gab Liesl Karlstadt Gastspiele, auch in Filmproduktionen wurde sie immer häufiger besetzt. Valentin zeigte sich von ihren Alleingängen wenig begeistert, er fürchtete ihr Entgleiten. Für Liesl Karlstadt waren sie jedoch einerseits eine berufliche Emanzipation von Karl Valentin und andererseits ihr Weg, Alternativen zu den schwindenden Möglichkeiten für das Duo Valentin/ Karlstadt zu finden. Wie bedeutend sie für die Gesamtkunst des Künstlerpaares war, beschreibt ein Zeitungsartikel. Die Stücke entstanden in der Improvisation auf der Probebühne, und Liesl Karlstadt schrieb sie anschließend auf:

Hier nun offenbart sich die ganze Unentbehrlichkeit der Karlstadt, das Geniale dieses gemeinsamen Theaters überhaupt. Die Liesl ist im Stück fast immer das eigentliche Publikum, das weibliche Element, ohne das Komik gar nicht existieren kann. Er wirft den Ball, aber sie fängt ihn. Er hat die Komik, sie den Humor. Komik ist leidend und darum immer ein wenig böse. Aber Humor ist gütig, mildert und begreift.

Bereits im Vorfeld der Premiere am 14. Dezember 1930 als Frau Vogl an den Kam-

1932 entstand der Operettenfilm *Die verkaufte Braut*. Da Valentin weder mit Drehbüchern noch mit vorgegebenen Texten etwas anfangen konnte, erklärt Ophüls die bevorstehende Szene.

In der Improvisation entstanden absurd komische Dialoge:

Valentin: Wenn einer Geld hat und is kein Artist, des is gerade so als wie, als wie irgendwas anders. Wenn ein Artist Geld hat oder er hat keins oder sagen wir, er ist ein Artist, nein, er hat kein Geld und ist doch Artist – du verstehst mich schon.– Wenn er ein Artist wäre oder er will ein Geld – naa, Geld will ja ein jeder. – Ich mein, wenn er..

Karlstadt: 's Gscheiteste wär des, wenn einer ein Artist wär und recht viel Geld hätte.

Valentin: Ja, das mein ich, ja, des mein ich.

merspielen wurde ihr Debüt als Schauspielerin in der Zeitung als ein Ereignis angekündigt, »das in München großen Widerhall finden wird«. Das Publikum feierte sie, darunter auch Thomas und Katia Mann. Die Kritiken waren überwiegend voll des Lobes für ihre eigenständige Leistung, die berühre, menschlich sei und bezaubernd. Sich im ersten Theaterprojekt dem Vergleich mit der allseits verehrten Therese Giehse zu stellen, erforderte Mut und Entschlossenheit als Schauspielerin zu reüssieren, zu zeigen, was wirklich in ihr steckte, die Messlatte in den Kammerspielen ohnehin stets hoch. Der Schriftsteller und Kunstkritiker Wilhelm Hausenstein konstatierte, dass sie diese große Aufgabe ganz und gar gemeistert habe, er fand Liesl Karlstadt zuvor oft nicht ausreichend gewürdigt und begrüßte, sie endlich alleine und aus dem Schatten Karl Valentins heraustreten zu sehen. Er wünschte sie sich in München öfter auf die literarische Theaterbühne, freilich nicht um den Preis, sie von der Seite Karl Valentins wegzuwünschen, der wäre zu hoch. Hausenstein hoffte auf Liesl Karlstadt, den Weg für Karl Valentin ins klassische Theater zu finden:

Er ist aber so tief in die Labyrinthe seiner eigensten Person, seiner eigensten monomanen Erfindung verstrickt, daß er bisher jedenfalls nicht herausgefunden hat. Dies ist natürlich auch die unerhörte Stärke seiner Kunst: dies ganz und gar in sich selbst Verstrickte seines Geistes. Wird es möglich sein, daß Liesl Karlstadt ihm den Ariadne-Faden reicht? Und daß er aus den schon metaphysischen Labyrinth-Windungen seines Geistes herausfindet, ohne ein Stück seines eigentlichen Wesens einzubüßen?

Bekanntmachung

Eine sensationelle Entdeckung!

Durch jahrelanges Studium ist es den beiden „Chomikern" Karl Valentin und Lisl Karlstadt gelungen, den Bazillus des Trübsinns zu entdecken. Sofort soll die Sache der Allgemeinheit zugute kommen. — — — Leiden Sie also an Trübsinn — Schwermut — Melancholie — Depressionen — Griesgrämigkeit usw., gehen Sie in ein Schallplattengeschäft und kaufen Sie sich zum Weihnachtsfest die neuen komischen Grammophonplatten von Karl Valentin und Lisl Karlstadt. Sowie sich bei Ihnen trübe Gedanken bemerkbar machen, lassen Sie einige lustige Platten spielen, Sie werden sofort lachen und in eine fröhliche Stimmung kommen. . . . Vorsicht! . . . Die Schallplatten nicht einnehmen, nur äußerlich!!!
20. Dezember 1928.

Karl Valentin und Lisl Karlstadt
z. Zt. im Variété Kolosseum, München.

In unmittelbarem Anschluss an ihre eigenen Auftritte stand Liesl Karlstadt dann mit Karl Valentin auf der Bühne. In seinem Auftrittsverzeichnis vermerkte Karl Valentin: »Karlstadt im Schauspielhaus *Sturm im Wasserglas* Frau Vogl, nebenbei«. Noch in Schminke begab sie sich direkt vom Schauspielhaus ins Kolosseum, wo sie mit Karl Valentin auftrat. Für diesen war das ihre eigentliche und große Aufgabe am Tag. Die doppelte Belastung, das rasche Wechseln der Rollen und der rechtzeitige Anschluss im Kabarett waren physisch wie psychisch eine große Herausforderung und Belastung für sie. Dennoch beflügelte sie der Soloapplaus ohne Karl Valentin und die große Zuneigung und Anerkennung des Publikums, die man ihr entgegenbrachte.

Weitere Angebote folgten, mehr und schneller als erhofft. Wie beliebt sie war, zeigt auch, dass sich am 5. März 1932 ein Fußballverein gründete, der sich FC Karlstadt nannte.

Im Rundfunk erlangte sie Anfang 1932 Ruhm im Sendespiel *Weiberkrieg*, eine Adaption von Aristophanes Komödie *Lysistrata*. Obwohl hier ohne ihn agierend, wurde sie meist als Partnerin von Karl Valentin angekündigt. Vier Monate am Stück spielte Liesl Karlstadt 1932 in der Volkstheater-Produktion *Die drei Gschpusi der Zenta*. Im Oktober und November begab sie sich damit auf eine sehr erfolgreiche Tournee durch Bayern und Baden-Württemberg. 1933 übernahm sie als Wirtschafterin Johanna im Lustspiel *Das schwedische Zündholz* erneut eine Therese-Giehse-Rolle. Valentin hatte panische Angst, sie als Partnerin zu verlieren. In einem Brief versprach er ihr, ein Stück für sie zu schreiben, auf dass ihre »grosse Kunst

1934 hatte *Der Theaterbesuch* Uraufführung.

1928 entstanden erstmals gemeinsame Plattenaufnahmen bekannter Szenen.

Liesl Karlstadt in ihrer
ersten großen Solorolle
als Frau Vogl in *Sturm
im Wasserglas*, 1930

Die klassische
Bühne. Die Münchner
Kammerspiele
werben mit Liesl
Karlstadt, ebenso das
Schauspielhaus in
Stuttgart

im ›Menschen darstellen‹ gezeigt werde«. Bezugnehmend auf die Tournee mit dem
Volkstheater bezeichnete er ihre Theaterengagements als »Bauerngastspiele«: »Wir
können nach Ablauf Deiner Bauerngastspiele in der Grosstadt München weiter
über das neue ›noch nie Dagewesene‹ sprechen.« Dennoch stellte sie sich immer an
Valentins Seite.

Auch in Spielfilmen wurde Liesl Karlstadt besetzt, so 1932 in der Nebenrolle der
Wirtschafterin in *Muss man sich gleich scheiden lassen?*, und neben Anny Ondra in der
Hauptrolle spielte sie 1933 in *Fräulein Hoffmanns Erzählungen*. Im gleichen Jahr gab
sie noch in *Mit Dir durch dick und dünn* eine »tollpatschige Dienstmannsfrau«, und
Ondra, die mit dem Boxweltmeister Max Schmeling verheiratet war, produzierte mit
ihr und Karl Valentin den Kurzfilm *Die Orchesterprobe*. Liesl Karlstadts Filmrollen
sind zwar nicht tragend, aber stets belebend, und man warb gerne mit ihr auf den
Kinoplakaten in illustren Besetzungslisten. Das galt auch für alle weiteren Projekte
in ihrer Solofilmkarriere.

Valentin antwortete auf seine Weise. Im Januar 1932 hatte die neue Oktoberfest-
Szene *Sie und Er* (zunächst *Er und Sie*) im Kolosseum Premiere, eine kleinbürgerliche
Eheposse, in der der Ehemann gegenüber seiner wortgewaltigen Frau kaum zum
Reden kommt und wenn, dann oft nur stotternd.

Während Liesl Karlstadt auf den Untergang der Volkssängerbühnen reagierte,
indem sie sich mit Erfolg als Schauspielerin professionalisierte und hier ohne
Valentin ihren Weg ging, stand Valentin diese Option nicht offen. Valentin konnte
nur Valentin – das machte einerseits seine Ureigenheit aus, dass er alles nur aus

sich selbst schöpfte, andererseits war es ihm nahezu unmöglich, fremde Texte zu lernen. So eröffnete er im Oktober 1934 das Panoptikum im Hotel Wagner in der Sonnenstraße, eine Mischung aus Grusel- und Lachkabinett. Dort ausgestellt fand man den Winterzahnstocher oder die geschmolzene Schneeplastik ebenso wie im Wasser treibende, verblüffend echt aussehende Leichen aus Wachs sowie eine Folterkammer. Hier wurde sein verquerer Geist Materie.

Das Unternehmen verschlang Unsummen. Valentin nahm Kredit bei seiner Partnerin auf, Geld, das sie nie wiedersah. Für eine Summe von 4000 Mark sollte Liesl Karlstadt ein Drittel vom Gewinn aus den Einnahmen erhalten. Allerdings warf das Panoptikum keine Gewinne ab und war mit Unterbrechungen nur gut zehn Monate geöffnet, bevor es wieder schloss. Als Liesl Karlstadt sah, in was sie da ihr Geld investiert hatte, war sie erschüttert. Obwohl Mitunternehmerin, mochte sie das Projekt überhaupt nicht und fürchtete um die gemeinsame Arbeit. Erstmals wurde auch Valentins Familie dort beschäftigt, seine Frau, seine Tochter und seine Sekretärin.

Als Liesl Karlstadt das Panoptikum zum ersten Mal betrat, erschrak sie sich fast zu Tode. Es gab dort ein mit Puppen dargestelltes Femegericht, das schaurig rot beleuchtet war. Vor dem Femrichter mit Kapuze lag ein Totenschädel. Plötzlich bewegte sich der starre Richter langsam und automatenhaft, denn es handelte sich nicht um eine Puppe, sondern um den verkleideten Josef Rankl. Liesl Karlstadt bekam einen regelrechten Schock, stieß einen lauten Schrei aus und begann, an ihrem Verstand zu zweifeln. Valentin amüsierte das. Später findet

Vier Monate am Stück spielte Liesl Karlstadt 1932 in der Volkstheaterproduktion *Die drei Gschpusi der Zenta.*

Liels Karlstadt und Karl Valentin mit Anny Ondra in Geiselgasteig.

Peter Zellner, Angeklagter **Liesl Karlstadt**
Mizzi Zellner, dessen Frau **Liesl Karlstadt**
Karl Zellner, deren Sohn **Liesl Karlstadt**
Hermann Schulze (Berlin) **Liesl Karlstadt**
Amalie Schnell, Milchfrau **Liesl Karlstadt**

1. Im Januar 1932 hatte die neue Szene *Er und Sie* im Kolosseum Premiere: »Sie könnte füglicher heißen: Sie und er. Denn Sie (mit großem S) ist alles, er (mit kleinem e) ist nur ein Schemen.« (Wilhelm Hausenstein)

2. Auf Liesl Karlstadts Alleingänge als Schauspielerin reagierte Valentin im Oktober 1933 mit dem Stück für Liesl Karlstadt *Ehescheidung vor Gericht*. Liesl Karlstadt konnte als Verwandlungskünstlerin glänzen. Sie trat darin in fünf Rollen gleichzeitig auf. Ein große Herausforderung, sich nicht in den gespielten Charakteren zu verlieren. Die Verwandlungsszene ist der letzte Auftritt vor ihrem Selbstmordversuch am 6. April 1935.

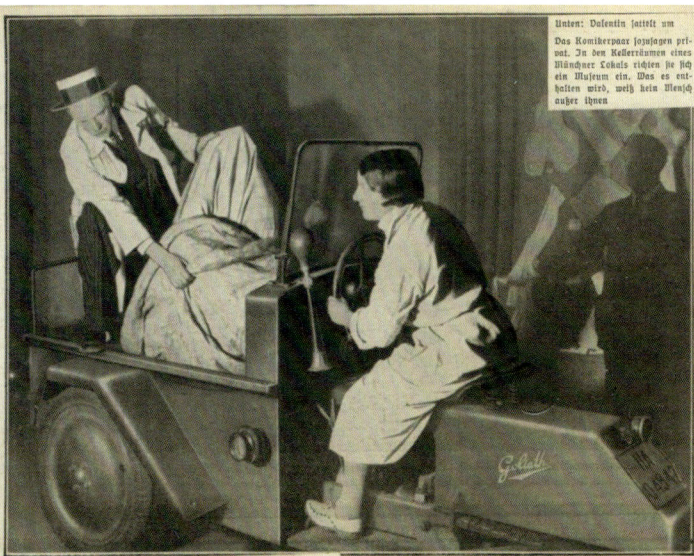

sich in ihrer Krankenakte der Psychiatrischen Klinik in der Nußbaumstraße ein
Hinweis auf ihre Ängste vor Valentins Puppen.

Ab Mitte des Jahres 1934 hatte Liesl Karlstadts Gemütszustand begonnen,
sich extrem zu verschlechtern, große Zukunftsängste plagten sie. Sie haderte
mit sich und ihren Fähigkeiten und hatte Angst, Valentin würde sie im Stich
lassen. Das Silvesterfest verbrachte er nach 22 Jahren zum ersten Mal nicht mit
ihr, sondern mit seiner Familie. Das Panoptikum scheiterte. Liesl Karlstadt
geriet in eine schwere Nervenkrise und begab sich kurz vor Weihnachten erstmals in eine Klinik für Innere Medizin und Nervenkrankheiten. Gegen den
ausdrücklichen Rat des behandelnden Nervenarztes, dem Individualpsychologen
Dr. Leonhard Seif, entführte Karl Valentin Liesl Karlstadt ohne Zustimmung
der Ärzte aus der Klinik. Er bat Seif um Behandlung. Dieser wies nach eigenen
Angaben nachdrücklich auf den Ernst der Erkrankung hin und drängte nach
Verschlechterung auf eine stationäre Behandlung mit Überwachung und eine
psychotherapeutische wie medikamentöse Therapie.

Valentin überredete Liesl Karlstadt, dem nicht Folge zu leisten. Vom
22. bis 31. Dezember 1934 spielten sie im Kabarett Wien-München die Orchesterszene, mit der sie vom 1. bis zum 15. Januar 1935 ins neue Jahr starteten. Bis April
gastierten sie dort mit unterschiedlichen Szenen nahezu jeden Abend. Im
März stand die Gerichtsszene auf dem Spielplan, in der Liesl Karlstadt virtuos
in fünf verschiedene Rollen schlüpfte, handwerklich wie mental eine große
Herausforderung, binnen kürzester Zeit fünf verschiedene Persönlichkeiten

1932 arbeitete der Dichter
Eugen Roth das Bühnen-
stück *Die Raubritter
vor München* von Karl
Valentin und Liesl Karl-
stadt zur Revue *Wie's
früher war* um. Auch
darin übernahm das
Duo die Hauptrollen.
Hier die Premierenfeier
16. Dezember 1932 im
Deutschen Theater.

Im Oktober 1934 er-
öffnete Karl Valentin
das Panoptikum eine
Mischung aus Grusel-
und Lachkabinett, hier
wurde aus verquerer
Geist Materie. Das Unter-
nehmen verschlang Un-
summen und scheiterte
bald.

darzustellen. Valentin hatte das Stück im Jahr zuvor geschrieben, wohl auch in der Absicht, Liesl Karlstadt hier eine besondere schauspielerische Herausforderung zu bieten und somit auch eine Alternative zu ihren Alleingängen als Schauspielerin. Danach findet sich in ihrem Bühnenalbum ihr handschriftlicher Eintrag »Karlstadt krank«, zweimal rot unterstrichen.

1935
Kummer

Humor kann nur aus Leid erwachsen.
Daß du des Lebens Ernst erfaßt
Beweist Du nicht durch Trauerfachsen,
Nein, dadurch, daß Humor du hast!
 (Wilhelm Busch, eingeklebt im Bühnenalbum von Liesl Karlstadt)

Am Vormittag des 6. April 1935, einem kalten und regnerischen Tag, stürzte sich Liesl Karlstadt in die Isar, ihre geliebte Katze im Arm. An der Prinzregentenbrücke konnte Liesl Karlstadt gerettet werden, die Katze war ertrunken. Ihrer Schwester Amalie Wellano, mit der sie die Wohnung und zumeist ihr Leben teilte, erzählte sie, wie am Vorabend schon Karl Valentin, dass sie zum Arzt wolle. Die Polizeichronik von 1935 vermerkte als Anlass für den Selbstmordversuch »Kummer«. Dieser Grund steht hier nur einmal in der dafür vorgesehenen Spalte, bei anderen Selbstmordversuchen finden sich Angaben wie »Trunkenheit«, »Arbeitslosigkeit«, »Vermögenszusammenbruch«, »Kriegsverwundung«, »Lebensüberdruß« oder am häufigsten »Ehezwist«.

In einem äußerst schlechten Zustand, nass, frierend und zitternd, kam Liesl Karlstadt in die Psychiatrische Klinik in der Nußbaumstraße, wo man notierte: »schwer depressiv, stark gehemmt und außerordentlich ängstlich«. Sie äußerte

»lebhaft« Selbstvorwürfe, hielt sich für unehrlich und verdorben und bat, man möge sie ins Gefängnis bringen, weil es das sei, was sie verdient habe. All ihre bisherige Mühe sei umsonst gewesen. Sie war beschämt und machte sich große Vorwürfe, sich und anderen das Leben verdorben zu haben. Zudem glaubte sie, sich aufgrund der großen Schande nun endgültig nicht mehr vor Leuten und schon gar nicht mehr auf der Bühne zeigen zu können, und fürchtete auch um die Karriere von Karl Valentin.

Karlstadts Suizidgedanken waren schon vorher bekannt gewesen, wie Karl Valentin und der Individualpsychologe Dr. Leonhard Seif berichteten, bei dem sie in Behandlung war. Valentin gab an, dass sie seit November 1934 ständig traurig gewesen sei, sich alt, wert- und ehrlos gefühlt habe und auch in der Arbeit unzufrieden mit sich gewesen sei. Seit Monaten habe sie immer eine Rasierklinge mit sich geführt, wie aus Befragungen der nächsten Angehörigen sowie des Psychologen Seif noch am selben Tag hervorgeht. Die Protokolle befinden sich noch heute in der Krankenakte Liesl Karlstadts in der Poliklinik für Psychiatrie und Psychotherapie an der Nußbaumstraße, wo man die Unterlagen zu bedeutenden Persönlichkeiten aufbewahrt. Die Aussageprotokolle und spätere Briefe dokumentieren auch die Anstrengungen des Umfelds, sich schadlos zu halten, und sind Zeugnis gegenseitiger Schuldzuweisung:

»Das sind die Früchte Ihrer Tat! Hoffentlich kommen Sie jetzt zur Besinnung«, telegrafierte noch am Nachmittag des 6. April der Arzt Dr. Oskar Wolfram an Karl Valentin. Unter dem Titel »wahre Begebenheit« fasste Karl Valentin die Auseinandersetzung in einem Schreiben zusammen, das sich im Archiv des Valentin-Karlstadt-Musäums befindet. Freimütig schilderte er darin auch, dass Dr. Wolfram, der Liesl Karlstadt im Winter 1934 wegen einer »Halssache« behandelt hatte, von ihrem Nervenleiden erfahren habe und daraufhin zu ihr in die Wohnung geeilt sei und ihr nachdrücklich geraten habe, sich ab sofort von ihm und nicht mehr von Dr. Seif behandeln zu lassen. Gegen die Depression habe er ihr folgendes Rezept verordnet: »3 x täglich lustig sein, Brust heraus, Bauch hinein. Sakra, Sakra! Auto anmelden – Selbst fahren – Hinaus in die schöne Frühlingsluft. Dr Wolfram.«

Valentin ließ er aber in die Sprechstunde kommen und erklärte ihm, dass es mit »Frl. Karlstadt« sehr schlimm stehe und sie, wenn sie mit Dr. Seif weitermache, elend zugrunde ginge: »Sie verreckt wie ein Hund.« Wolfram vermutete die Ursache ihrer Depression darin, dass Liesl Karlstadt außer ihrer Schwester niemanden habe und deshalb so kolossal an Valentin hänge. Er ordnete an, sie sofort aus dem Beruf herauszunehmen und für vierzehn Tage nach Bad Kohlgrub zu bringen. Valentin lehnte das ab und meinte, auch Liesl Karlstadt sei damit nicht einverstanden, weil das im Dezember nicht der richtige Ort sei. Im November/Dezember 1934 findet sich im Engagementverzeichnis von Karl Valentin die Anmerkung »frei.« Ab dem 22. Dezember standen sie dann bis zum 6. April nahezu pausenlos gemeinsam auf der Bühne.

Es stand also sehr schlimm um Liesl Karlstadt, da half auf Dauer auch die Liebschaft mit Josef Kolb nicht. Es ist nicht klar, ob Valentin davon wusste. Ein Eintrag in Karlstadts Bergsteigerbuch über einen gemeinsamen Ausflug belegt, dass er Josef Kolb zumindest kannte und dieser ihn wohl ebenfalls chauffierte. Krankhaft eifersüchtig, hätte Valentin eine andere Liebe für Liesl Karlstadt nie geduldet. Was er selbstverständlich für sich forderte, nämlich Exklusivität, hätte er ihr nie zugestanden. Einmal soll er ihr gedroht haben, den vermeintlichen Bräutigam auf dem Standesamt zu erschießen und ihr Scheuklappen anzulegen, damit sie nie wieder einen andern Mann ansehen könne. Ab Ende 1932 taucht Josef Kolb in ihren Fotoalben und Gebirgsaufzeichnungen jedenfalls immer seltener auf und scheint in ihrem Leben keine bedeutende Rolle mehr gespielt zu haben.

Trotz allem verband Liesl Karlstadt mit Karl Valentin alles, und sie konnte sich nicht trennen. Beruflich wie privat wollte sie sich nicht für anderes und damit gegen ihn entscheiden. Hier wie dort wählte sie bis zur völligen Erschöpfung die Doppelbelastung. Wollte sie bei Valentin bleiben, waren zwei Vorstellungen am Abend Bedingung, eine im Theater und eine im Kabarett. Und obwohl sie all das über lange Strecken mit Bravour meisterte, überall Lob der Kritiker erntete und ihr der lange, warmherzige Applaus des Publikums stets sicher war, hatte sie zunehmend das Gefühl, nicht zu genügen. Sämtliche am 6. April 1935 Befragten – ihre Schwester Amalie, Karl Valentin und Dr. Leonhard Seif – sprachen von zunehmenden Depressionen und einer extremen Verschlechterung ihres Gemütszustandes. Tagtäglich sei sie weinend aufgestanden, am Abend jedoch »tadellos« aufgetreten. Sonst sei sie schon immer ehrgeizig, lebhaft und lustig gewesen, fast immer »über dem Strich«, so beschrieb ihre Schwester Amalie ihre Stimmung. Depressionen seien früher schnell wieder vergangen und ernstlich krank sei sie nie gewesen.

Eine auffallende Veränderung bemerkten Amalie und Karl Valentin übereinstimmend ab November. Von da an war Liesl Karlstadt nur noch traurig und verzweifelt. Der Psychologe Leonhard Seif verortete diese depressive Verstimmung schon früher ab Mai 1934 und sah sie in direktem Kontext mit Karl Valentins Panoptikum. Sie kam sich abgeschoben vor und fürchtete um die gemeinsame Arbeit, das

ganze Projekt war ihr verhasst. Zudem waren darin plötzlich auch die Familie und die mit Valentin verbandelte Sekretärin involviert, die einst klaren Rollentrennungen auf einmal aufgehoben. Auch wenn sie sich finanziell am Panoptikum beteiligte, lehnte sie das Unternehmen ab. Ihr fehlte dafür das Verständnis, sie wollte nicht in den Gruselkeller. In ihrer Seele war es schon dunkel genug.

Seif schilderte einen regelrechten »Kleinheitswahn«, der sich entwickelt habe, ohne dass ihre Bühnenarbeit darunter litt. Vielleicht hätten ihre Tagesschwankungen diese sogar begünstigt. Die Bühnenarbeit! Stark depressiv wurde sie nach den Vorstellungen, mit Valentin kam sie immer schwerer aus. Sie quälte sich mit Selbstvorwürfen, fühlte sich unanständig und schlecht wegen ihrer siebenjährigen Beziehung zu einem anderen Mann. Valentin hingegen hielt sie für ehrlich und offen, sich selbst für verlogen. Sie fürchtete um ihren Ruf, sollte die heimliche Beziehung bekannt werden, und dass die Münchner sie verachten würden. Valentin gegenüber hatte sie große Gewissensbisse. Seif riet ihr, mit Valentin darüber zu reden. Die Angelegenheit war jedoch laut Seif vor ihrem Selbstmordversuch nach einer Aussprache zwischen ihrem Geliebten und Karl Valentin friedlich geregelt worden, von dieser Seite habe es somit keine Schwierigkeiten mehr gegeben.

Der Psychologe erkannte eine Suizidgefahr und riet zur Einweisung in eine Anstalt. Liesl Karlstadt weigerte sich vehement und wurde darin von Karl Valentin bestärkt. Vor ihrem Selbstmordversuch hatte Seif Liesl Karlstadt zwölf Tage nicht gesehen. Am betreffenden Tag wurde er um neun Uhr von Valentin alarmiert, der sie vermisste. Seif gab an, nur eine depressive Seite bei Liesl Karlstadt zu erkennen, keine

In einem Schreiben fasste Karl Valentin die Begegnung mit Dr. Oskar Wolfram zusamm
Jeder weist die Verantwortung für Liesl Karlstadts Unglück dem anderen

Wahre Begebenheit.

Fräulein Karlstadt war wegen Schwermut in ärztlicher Behandlung bei Dr.
Seif. - Dr. Wolfram, Oettingenstrasse 2 , welcher Fräulein Karlstadt
in einer Halssache einmal behandelt hatte, erhielt Kenntniss von ihrem
nervösen Leiden; er eilte sofort in die Wohnung der Frl. Karlstadt, er=
kundigte sich bei ihr bei welchem Arzt sie in Behandlung sei und als ihm
Frl. Karlstadt Antwort gab, dass sie bei dem Nervenarzt Dr. Seif sei,
sagte er in energischer Weise: " Schluss damit, jetzt bin ich da und
wehe, wenn Sie mir zu einem anderen Arzt gehen ". Hierauf schrieb er ein
Rezept folgenden Jnhalts, das nach seiner Meinung die Depression beseitigen
würde. R e z e p t : 3 + täglich lustig sein, Brust heraus, Bauch hinein.
Sakra, Sakra ! Auto anmelden - Selbst fahren - Hinaus in die schöne
Frühlingsluft. Dr. Wolfram.

Am darauffolgenden Tage liess mich Dr. Wolfram zu sich in die Sprech=
stunde kommen, hier erklärte er mir, dass es mit Frl. Karlstadt sehr schlim
stehe und wenn Sie mit Jhrem Dr. Seif weitermachen, dann geht die Patientin
elend zu Grunde, sie verreckt wie ein Hund. Jch, sagte Dr. Wolfram, erkenne
ganz genau die Ursachen der Depression von Frl. Karlstadt, sie hängt, da
durch, dass sie ausser ihrer Schwester niemand auf der Welt hat, kolossal
an Jhnen und deshalb müssen Sie sofort um ihrer Gesundung willen, meinen
Anordnungen Folge leisten. Das erste ist, sofort aus dem Beruf heraus und
14 Tage nach Kohlgrub. Mit letzterem Vorschlag war ich nicht einverstanden,
ich teilte diesen Rat dem Frl. Karlstadt mit und auch sie meinte, das wäre
nicht der geeignete Platz, besonders nicht im Monat Dezember. Frl. Karlstad
liess nun Herrn Dr. Wolfram telefonisch mitteilen, dass sie mit Herrn Dr.
Seif nicht abbrechen will und dankte Herrn Dr. Wolfram für seinen ärztl.
Beistand. - Am 6. April, vormittags 9 Uhr machte Frl. Karlstadt einen
Selbstmordversuch und am gleichen Tage, nachmittags 5 Uhr erhielt ich von
Dr. Wolfram, der selbst weiss, dass ich nicht mit starken Nerven ausge =
stattet bin, ein Stadttelegramm folgenden Jnhalts: Das sind die Früchte

bitte wenden !

München,den 3o.Juli 1935

Sehr geehrter Herr Dr. Seif,

Fräulein Karlstadt befindet sich noch immer in der Nervenklinik.
Die Depression ist nun am ausklingen,aber sie hat viel Schweres noch mit-
gemacht.Sie sagt alle Tage,Schuld an meiner ganzen Leidenszeit ist nur
Herr Dr. Seif,wenn ich sofort im Dezember in die Nervenklinik gegangen
wäre,wäre es niemals soweit gekommen,aber er hat mich nicht als Patient
verlieren wollen,obwohl ich selbst das Bedürfnis hatte,in eine Anstalt
zu gehen,in der ich Tag und Nacht überwacht worden wäre.Immer und immer
habe ich ihm gesagt,ich habe solche kolossale Schmerzen und Angstzustände,
die ich nicht mehr ertragen kann,aber er hat,scheint es,noch nie etwas von
Opium gehört.Geheimrat Dr. Bumke hat auch gesagt,Dr. Seif hat die Schwere
der Depression nicht erkannt,sonst hätte er Sie unbedingt in eine Anstalt
tun müssen.Erst als es zu spät war,schlug Herr Dr. Seif die Anstalt vor.
Nach Aussage von vielen Kranken,ist die Individual Psychologie
nicht der Weg zur Heilung,sondern der Weg zur vollständigen Verwirrung see-
lisch Leidender.Ein uns bekannter Herr,der nun in der Schweiz ist,hat uns v
vor Jahren schon gewarnt und erklärt,dass die Individual Psychologie schon
viele Opfer gefordert hat - ein uns bekannter Kunstmaler in München,
der ebenso wie seine Frau an alltäglicher Nervosität gelitten hat,erzählte
uns,dass er und seine Frau durch dreijährige Konsultation bei Ihnen,heute so
weit ist,dass er sich zu den Verrückten zählt.Ein grosser Buchhändler in
München erzählte uns,dass die Individual Psychologie eine Geldbeutelschnei-
derei ist,dass man zwar die Ursache der Krankheit damit erforschen kann,
aber "sanfte" Heilung ausbleibt,die Bücher von Adler strotzen von Beispielen
mit Selbstmord.
Alles das habe ichIhnen geschrieben,weil Fräulein Karlstadt mich
darum gebeten hat,mit den Worten "Du hast mich zu Dr. Seif geschleppt und
der ist shuld an meinem ganzen Leiden.Frl. Karlstadt sagt aber ausdrücklich
nicht Herr Dr. Seif persönlich,den ich heute noch als einen sehr feinen Menschen bezeichne,sondern nur der Individual Psychologie mache ich den Vorwurf
Ich wollte Sie schon seit längerer Zeit besuchen und Ihnen das
persönlich vortragen,aber es fehlte mit stets der Mut dazu,da ich Sie als
Mensch sehr ehre und Schätze.

Ihr
gez. Karl Valentin

N.B. Ich bitte um sofortige Zurücksendung des Horoskopes von Frl.
Karlstadt,da ich die Ausstellerin desselben der Polizei übergeben möchte.
D.O.

Karlstadt in die Behandlung des Herrn Kollegen Prof.Dr. Isserlin begeben.
Von dem weiteren Verlaufe und der bedauerlichen Verschlechterung,auch davon
dass Prof.Isserlin zur Anstalt und mindestens zur Ueberwachung geraten hatte,
allerdings erfolglos,erfuhr ich erst nach dem Suicidversuch.Ich selbst war
unmittelbar nachher in die Klinik gekommen und hatte dem Arzt der Aufnahme-
station Mitteilungen zu dem Falle gemacht.

Valentins Brief an mich,den ich beilege,zeigt deutlich,dass er
keinen anderen Zweck hat als den der Selbstentlastung durch Tatsachen-
retouchierung.Der Brief war mir keine Ueberraschung,da ich weiss,dass er alle
Aerzte - und wen hat er nicht konsultiert -,gegeneinander auszuspielen
pflegt,erst in den Himmel hebt und dann herabsetzt und für seine eigenen
Schwierigkeiten verantwortlich macht.

Ich möchte jedoch Ihnen gegenüber ev. falsch Angegebenes nicht
unwidersprochen lassen.

mit deutschem Grusse
Ihr sehr ergebener
Seif.

z.Zt. Garmisch,4.VIII.35.

Sehr geehrter Herr Geheimrat,

Beifolgenden Brief erhielt ich von Herrn Karl Valentin.Da ich
daraus entnehme,dass er möglicherweise unzutreffende Angaben auch in der
Klinik gemacht hat,möchte ich mit Folgendem richtig stellen.

Als Fräulein Karlstadt in Neuwittelsbach war und Herr Valentin zu
mir kam mit der Bitte,die Behandlung zu übernehmen,weil Frl.K. und er dies
für richtiger hielten,lehnte ich es ab und riet ihm dringend,Frl. K. in
Neuwittelsbach zu belassen.Trotzdem erschien er nach einigen Tagen mit Frl.K
bei mir,nachdem er sie ohne Erlaubnis des Arztes dort entführt hatte.Auf
Beider Bitten übernahm ich nun die Behandlung,nachdem ich Herrn Valentin aufgefordert hatte,dem Arzte von seinem Schritte Mitteilung zu machen.

Ich hatte Herrn Valentin über den Ernst der Erkrankung nicht im
Zweifel gelassen und ihm die Notwendigkeit der Ueberwachung dringend nahe
gelegt,auch für die Zeit,wo Fräulein Karlstadts Zustand unter medikamentösem
und psychotherapeutischem Einflusse sich günstiger gestaltete.

Als ich bei einer neuen Verschlimmerung auf Verbringung von Frl.
Karlstadt nach Neufriedenheim oder in die Klinik drängte,war es Herr Valentin
der Frl. K. überredete und dem Einweisung gegenüber allen meinen Warnun-
gen verhinderte.

Wie Sie wohl wissen,hat sich während meiner Abwesenheit,in der
ich Frl. K. unter der ärztlichen Aufsicht des psychiatrisch wohlgeschulten
Frl. Dr.von Landmanns,von der Frl.K. aber keinen Gebrauch machte,Fräulein

K

manische, demnach habe sich ein bestehender Selbsthass zu jenem »Kleinheitswahn« gesteigert. Die Ursachen dafür sah er auch in ihrer Kindheit, als sie, zunächst verwöhnt, nach zehn Jahren die Aufmerksamkeit ihrer Mutter plötzlich mit ihrer Schwester Amalie teilen musste. Ihr Lebensstil sei immer gewesen, beliebter und begehrter Mittelpunkt zu sein.

In einem Brief vom 30. Juli 1935 warf Karl Valentin dem Individualpsychologen vor, die Schwere der Depression nicht erkannt und nicht rechtzeitig dafür gesorgt zu haben, sie in eine Anstalt einzuweisen. Seif wiederum rechtfertigte sich gegenüber dem Klinikdirektor der Nußbaumstraße, Dr. Oswald Bumke, dass er Valentin im Winter 1934 dringend geraten habe, Liesl Karlstadt in der auf Depressionen spezialisierten Klinik Neuwittelsbach zu belassen, in die sie von dem Nervenarzt Dr. Rudolf Laudenheim eingewiesen worden war. Valentin aber hatte Liesl Karlstadt von dort entführt und Seif um weitere Behandlung gebeten.

In der Nußbaumstraße verordnete man Liesl Karlstadt nach ihrem Suizidversuch Bettruhe und verabreichte ihr Schlafmittel und Opium. Oft erfüllt von Selbsthass, erholte sie sich nur schwer. Aus den täglichen Klinikaufzeichnungen in ihren Krankenakten geht hervor, dass ihre Stimmung auch weiterhin großen Schwankungen unterlag. In der Regel ging es ihr am Morgen sehr schlecht, im Verlauf des Tages wurde es besser. Manchmal wollte sie ein Mann sein und verhielt oder verkleidete sich entsprechend. Sie begann, Karl Valentin für ihren Zustand verantwortlich zu machen und ihr Leben als eine Kette von Schwierigkeiten zu sehen. Außerdem fing sie an zu schimpfen und sich über vieles zu beschweren. Als Privatpatientin hatte sie viele Wünsche. In den Klinikaufzeichnungen wird ihr Zustand mal als »submanisch«, mal als »hypomanisch«, dann wieder als ängstlich und verzweifelt beschrieben. Zunehmend wurde sie umtriebig, las, schrieb, räumte auf und hatte »keine Zeit zum Essen«, einen unendlichen Rededrang und war ausgesprochen ideenflüchtig. Sie fürchtete, verrückt zu werden, entweder ginge das Denken gar nicht oder zu schnell. Manchmal spielte sie schon frühmorgens Klarinette, manchmal war sie gereizt, übermüdet und schimpfte und weinte. Am 5. Juli 1935 steht im Klinikprotokoll: »Wieder große Stimmungsschwankungen. Stundenweise sehr betriebsam, geschäftig, schreibt viele Briefe (alle in devoter Manier!)«.

So beginnt auch ihr erster Brief vom 10. September 1935 an Norma Lorenzer:

Liebe verehrte Frau Dr. Lorenzer!

Entschuldigen Sie gütigst, dass ich heute erst dazu komme, mich für Ihren lb. Brief vom 4. Juli 35 zu bedanken. Aber – es fehlte mir die Kraft an Sie zu schreiben. Oh – u. ich habe mich doch so gefreut über Ihre Zeilen. Leider konnte ich auch von der frdl. Einladung keinen Gebrauch machen ich war ja noch sooo krank. Nun geht es besser – allmählich – aber es wird. Ja wenn Sie mich besuchen könnten, liege immer noch in der Klinik Nussbaumstr. 7 unter meinem bürgerlichen Namen »Wellano«. Aber Sie werden jetzt mit dem Umzug sehr viel zu tun haben, dann kann ich es nicht verlangen von Ihnen. Oder bekomme ich wenigstens eine Zeile von Ihnen? Ja?

Im Juli kamen Anfragen aus Berlin vom Kabarett der Komiker für Auftritte im Oktober in die Klinik, und der Film fragte an. Karl Valentin schrieb Liesl Karlstadt dazu: »Ich habe Herrn Dr. v.d. Trenck gesagt, er möchte Dir es zu Deiner Beruhigung mitteilen daß du gleich nach Berlin nicht gleich wieder auf der Bühne arbeiten sollst, sondern daß Du Dir in der Nähe von Geißelgasteig – Grünwald Pullach – Isartal ein kleines Häuschen kaufen sollst und alle Monate höchstens 2 bis 3 Kurztonfilme mit mir machst.«

Die Briefe Valentins an Liesl Karlstadt gingen in der Regel zuerst durch die Hand ihres behandelnden Arztes Dr. Stephan von der Trenck. Er genehmigte auch Besuche, Valentin gestattete er sie oft nicht. Die Ärzte hielten zu diesem Zeitpunkt Zusagen für Film und Gastspiel noch für unmöglich, ebenso im August. Liesl Karlstadt sagte im Juli Berlin selbst mit der Begründung ab, dass ihr Partner Karl Valentin gerade »gesundheitlich nicht auf der Höhe« sei, wenn überhaupt käme erst Februar infrage. Mitte September wurde sie ruhiger, und so gab es Überlegungen, ob sie ab Oktober von der Klinik aus Filmaufnahmen machen könnte. Im September erhielt sie auch erstmals Besuch von Norma Lorenzer in der Klinik, der Liesl Karlstadt anschließend am 15. September schrieb:

Liebe verehrte Dr. Lorenzer!

Wie sehr ich mich über Ihren Besuch gefreut habe, brauche ich wohl nicht zu sagen, Sie haben es sicher gemerkt. Nächste Woche soll ich eventl. filmen, ob ich wohl die Kraft u. den Mut dazu aufbringen werde – ich weiß es noch nicht bis heute. Diese verdammte Krankheit ist mir in der Seele zuwider – aber immer noch fehlt das Letzte Grosse – den Weg zurück ins Leben zu finden? Mit herzlichem Dank für Ihre Liebe u. Güte u. den besten Wünschen für Sie Beide mit lb. Gruß ans süsse Kind
Ihre getreue Liesl Karlstadt

Am 13. September unternahm Liesl Karlstadt erstmals mit ihrer Schwester Amalie einen Spaziergang, zunächst noch unsicher, weil sie Angst hatte, auf ihren Selbstmordversuch angesprochen zu werden. Langsam wurde sie bei diesen Ausgängen jedoch sicherer. Ab dem 20. September begannen unter der Regie von Erich Engels die Dreharbeiten zum Spielfilm *Kirschen in Nachbars Garten* mit Karl Valentin und Liesl Karlstadt sowie der Grande Dame des deutschen Kinos Adele Sandrock. Engels hatte Karl Valentin nur unter Einsatz massiver Überzeugungskünste für den Film gewonnen. Ihm war die Rolle des Gärtners zugedacht, Liesl Karlstadt sollte die Haushälterin spielen. Engels wollte diese Besetzung unbedingt und nahm dafür schwierigste Verhandlungen mit Karl Valentin in Kauf, die Engels in seinem Buch *Philosophie am Mistbeet*, eine Art anekdotischer Erfahrungsbericht über die Arbeit mit Karl Valentin, beschrieb. Eigentlich sollten die Dreharbeiten in Berlin stattfinden. Als Valentin mit seiner Partnerin trotz Vertrags dort zum vereinbarten Drehbeginn nicht erschien, reiste Engels nach München, um zu sehen, was los war. Valentin ließ sich bei seinem Besuch von seiner Tochter Berta verleugnen und versteckte sich derweil auf dem Dachboden, um anschließend zu Liesl Karlstadt in die Klinik zu fliehen. Hier traf er auf Engels, der zwischenzeitlich von Liesl Karlstadts Klinikaufenthalt erfahren hatte. Engels Frau gelang es schließlich, mit Liesl Karlstadt zu sprechen, Valentin weigerte sich strikt, ohne sie zu drehen. Am Ende einigte man sich darauf, die Produktion trotz höherer Kosten nach München zu verlegen. Was die Ärzte im August noch abgelehnt hatten, hielten sie nun für möglich. Von der Klinik aus wurde Liesl Karlstadt täglich nach Geiselgasteig, einen Ortsteil von Grünwald, zu den Filmstudios gefahren. Anfangs war sie noch ängstlich, bei der Arbeit selbst aber sicher. Gleich zu Beginn der Dreharbeiten absolvierte sie am Abend zusätzlich einen privaten Auftritt im Hotel Vier Jahreszeiten bei der Hochzeit von Graf Thun. Noch etwas hastig, aber präzise, spielte sie mit Karl Valentin dort die *Orchesterprobe*. Ihrer Vertrauten Norma Lorenzer konnte sie sich immer mehr öffnen:

München den 23.IX.1935
Liebe verehrte Frau Dr. Lorenzer!
Meinen Verpflichtungen gemäss stand ich heute in aller Herrgottsfrühe auf, um mich auf den Weg zum Filmen zu machen. Seit Freitag filme ich im Isartal – wohne aber noch in der Klinik. Es handelt sich um den Film »Die Kirschen in Nachbars Garten« mit Adele Sandrock u. Karl Valentin. Nun war am Freitag für mich ein ziemlich anstrengender

Anfang. Den ganzen Tag filmen u. Abends traten wir noch auf, in einer Gesellschaft im Hotel Vier Jahreszeiten. Dann wurde ich todmüde ins Bett gebracht, schlief fast gar nichts u. musste Samstag Morgen um 7 Uhr wieder zum Filmen antreten. Das war etwas zu viel, u. die Reaktion blieb nicht aus. Ich wurde unsagbar müde u. alle möglichen verdammten Stimmungen überfielen mich – aber hier in der Klinik wird wirklich alles getan, um einem solch schwere Stunden überwinden zu helfen. Heute Montag wollte ich nun wieder fort zum filmen – aber Frei d. h. Außenaufnahmen bei so schlechtem Wetter sind unmöglich. (...)

Natürlich würde mich Ihr Besuch unendlich freuen, ich bin aber nur bei schlechtem Wetter »zuhause« denn bei Sonnenschein wird gefilmt. Sollten Sie trotz Wohnungswechsel soviel Zeit aufbringen, dann bitte rufen Sie unseren Oberarzt Dr. von der Trenck an – Herr Dr. wird Ihnen gerne Auskunft erteilen.

Und wenn das Kefernest fertig ist, dann hoffe ich bestimmt mit dieser Drecksdepression endlich einmal auch fertig zu sein – dann wird ein kleines »Etwas« bei Ihnen vor der Tür stehen – aber hoffentlich mit mehr Mut u. Lebensfreude wie es das letzte Jahr der Fall war. Für heute Alles Liebe mit herzlichen Wünschen an Herrn Dr. u. Brigitte – natürlich auch an unseren geliebten Professor Gulbransson, dessen Brief mir ein Heiligtum ist – an alle lieben Menschen, besonders aber grüsst

Sie Verehrteste in grosser Verehrung

Ihre getreue Liesl Karlstadt

Die Familie Lorenzer zog in das berühmte Künstlerhaus Kefernest, das sich im Besitz der Familie des *Simplicissimus*-Zeichners Olaf Gulbransson befand. Die Briefe von Liesl Karlstadt an ihre Vertraute wurden häufiger, am 1. Oktober schrieb sie ihr:

Wie kommen Sie nur darauf mich ermüdet zu haben – so eine herzliche Frau, wie Sie es sind, kann einem Menschen doch nur Freude geben.

Was Liesl Karlstadt bei der Arbeit zu überspielen vermochte – so schrieb der Regisseur Erich Engels, sie werde bei der Filmtätigkeit immer freier und gelöster –, konnte sie Norma Lorenzer anvertrauen. Das Filmen erschöpfte sie. Vor den Kollegen gelang es ihr zwar, das zu verbergen, doch in der Klinik klagte sie mehr und mehr, war verstimmt, hoffnungslos verzweifelt, erschöpft und stellte fest, dass sie viel zu ehrgeizig sei.

Der Film, für den sie sich so zusammennahm, war eine beschauliche Komödie,

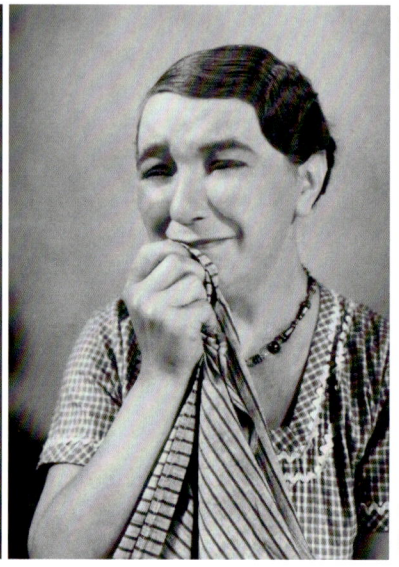

Uraufführung „Kirschen i./Nachbars Garten"
Berlin – Titania Palast
Weihnachten 1935

Liesl Karlstadt in *Kirschen in Nachbars Garten* als Magd Lisl, 1935

Szenenbild aus *Kirschen in Nachbars Garten*. Die beschauliche Komödie lebt vor allem von der Großartigkeit des Komikerduos.

die vor allem von der Großartigkeit des Komikerduos und ihren improvisierten Dialogen lebte. Die Zusammenarbeit mit der renommierten »großen Alten« Adele Sandrock war sehr schwierig und von gegenseitigen Bosheiten geprägt. Sandrock gönnte Karl Valentin die Pointen nicht und patzte gerne dazwischen. Valentin seinerseits bezeichnete sie als »Oide Hyazinthen«.

Am 2. Oktober schrieb Karl Valentin Liesl in die Klinik:

Meine liebe liebe Li!
Mein Brieflein beginne ich mit dem Marschlied: Halte aus! Halte aus! Halte aus im Sturmgebraus! und wenn Du das tust, wird alles wieder gut. Wie sehr Du mir nicht ans, sondern ins Herz gewachsen bist, wirst Du wohl nie erfassen. Ohne Dir ist die Welt für mich völlig inhaltslos Du hast für mich schon so viel Geduld aufgebracht warum sollst Du es nicht für Dich selbst können. Alle die Dich lieben und hoch schätzen, sind auf Deiner Seite, und deshalb brauchst Du den Mut für das fernere Leben bestimmt nicht verlieren, eine Firma wie Valentin-Karlstadt muß noch lange lange für München erhalten bleiben (…)

Und so funktionierte die Firma zunächst für den Film, samt der elend kranken Liesl Karlstadt, das bewährte Gespann Valentin/Karlstadt konnte sie nicht riskieren. Ende Oktober waren die Dreharbeiten für *Kirschen in Nachbars Garten* abgeschlossen. Mit Einverständnis der Klinikleitung wurde nun auch mit dem Kabarett der Komiker in Berlin ein Vertrag geschlossen. Das Klinikprotokoll vermerkte Ende

Ein Komiker

„Kirschen in Nachbars Garten"
im Titania-Palast

Dieser Film lebt nur vom Können einiger Darsteller, die bald im trauten Verein, bald einzeln in diesem „Sturm im Wasserglas" für Stimmung sorgen. Ohne sie wäre diese „tolle Geschichte von Ziegenböcken, Enteneiern und unschuldigen Salatpflanzen", die einer Idee von Erich Engels zugrunde liegt, ein Schnauferle-Zügele, dem manchmal schier die Puste ausgehen möchte. Erich Engels, der auch Regie führt, schleppt für diese Fahrt ins Reich des kleinen Humors (von harmloser Lustigkeit bis zum blanken Unsinn) zuviel Ballast mit. Zwei belanglose Liebesepisödchen, in denen Iris Arlan, Theo Schall, Rotraut Richter und Reinhold Bernt tapfer auf dem Posten sind, und eine Reihe allzu liebevoll ausgemalter Einzelheiten; ländliche Idylle mit scherzhaft-sinnlicher Ausdeutung.

Daß „vier Mann hoch" trotzdem einen Erfolg erzielen, beweist ihre unbeirrbare Wirkung in der Lebens- (und Film-)lage. Karl Valentin, dessen umwerfend-trockener Humor aus Kurzfilmen bekannt ist, zählt hier durch die Verzettelung auf verstreute Szenen nur in kleiner Münze. Lisl Karlstadt ist auch hier seine treue, nie versagende Begleiterin. Der andere Pol: Adele Sandrock; verbissen, verschmitzt oder wütend, zaubert sie Lachen hervor, selbst wenn manche Szene beschämend mager für sie ist. Max Gülstorff, zuverlässig in jeder Rolle, erheitert als nervös-fahriger Hofrat. Bei diesen vier spürt man die gesunde Luftspielluft, die man dem Film durchweg gewünscht hätte. Das Publikum applaudierte in weihnachtlicher Stimmung.

WH

---

1. FOX WOCHENSCHAU
2. FARBIGER KURZFILM (Die Lustigen Meuterer)
3. IM HERZEN DEUTSCHER NATUR (Reisefilm)
4.

„KIRSCHEN in NACHBARS GARTEN"

Nach einer Idee von Erich Engels

Regie: ERICH ENGELS   Musik: WERNER BOCHMAN

:: DARSTELLER ::

Adele Hecht	ADELE SANDROCK
Theo, ihr Neffe	THEO SCHALL
Lisl, ihre Magd	LIESL KARLSTADT
Warrenheim, Hofrat a.D.	MAX GUELSTORFF
Hansi, seine Tochter	IRIS ARLAN
Valentin, sein Gaertner	KARL VALENTIN
Gottfried Berger	REINHOLD BERNT
Irma Fiedler	ROTRAUT RICHTER
Anton Huber, Lehrer	ALBERTH FLORATH
Das Tanzpaar	GESCHWISTER HOEPFNER

Ein N.F.K. Film der TERRA

Verleih fuer Amerika — CASINO FILM EXCHANGE

SYNOPSIS — "FRUITS IN THE NEIGHBOR'S GARDEN"

Aunt Adele Hecht, a representative of the older generation, reigns in her household. The younger generation of the same house is represented by her nephew Theo, who is spending his vacation at Aunt Adele's house. Aunt Adele's hobby is her live stock. Raising chickens, ducks and sheep is her pet diversion.

Her newest pet is Monica, a duck that supposedly lays an egg only once a year. A specimen she decides to keep for breeding purposes. Everything seems to center around the question: When will Monica lay the egg?

Meanwhile another incident takes place. Professor Warrenheim with his daughter and faktotum Valentin move in the villa next door to Aunt Adele.

The two young people fall in love, and bring the elders together, at the beginning everything runs smoothly along. But when Aunt Adele's chickens trample Valentin's garden, a feud starts.

When the duck lays the long awaited egg, on Professor Warrenheim's ground, Valentin out of spite cooks it.

Now real trouble begins. Aunt Adele decides to take Professor Warrenheim to court, who meanwhile discovers a paragraph in the law book saying "Fruits that fall in the neighbor's garden belong to the owner of the garden. The duck layed the egg on the professor's property, and as an egg is a fruit of the body, Valentin cannot be punished for his act.

There is a custom in Germany that before a matter is being taken up in court, the litigants try to settle the argument out of court through a referee. It is usually some respected citizen of the same city. This time it happens to be a teacher. The parties are invited into the classroom. The negotiations start. How they accuse each other, how the judge rules, and how they get together again is a series of hilarious incidents. At the end the compromiser delivers a sermon. He declares that "If it were up to him, he would have every grown up person come to school again and again, so that they could learn to be modest and understand that helping one another makes life worth while. And most of all to learn not to be bothered with other people's affairs, and leave the fruits in the neighbor's garden where they fell.

-: BEACHTEN SIE DIE VORANZEIGEN UNSERER KOMMENDEN GROSSFILME :-

PAUL HOERBIGER als Schubert in .... "DREI MAEDERL UM SCHUBERT"

DER NEUENTDECKTE DEUTSCHE KINDERSTAR in .... "EIN HEIMWEH NACH EINEM ZU HAUSE"

86th St. Casino
THEATER

EAST 86th STREET   (Yorkville Casino)   Tel. REgent 4-2530

FREITAG, den 14. bis DONNERSTAG, den 20. MAI

AMERIKANISCHE ERSTAUFFUEHRUNG

Kirschen in Nachbars Garten

Der große Lustspielfilm der Terra mit

KARL VALENTIN

— mit —

ADELE SANDROCK, LIESL KARLSTADT
Rotraut Richter, Theo Schall, u. a.

Sonnabend, 21. Dezember 1935, *Berliner Illustrierte Nachtausgabe* **2.** Filmprospekt des 86th St. Casino Theater USA zum Film *Kirschen in Nachbars Garten*, 1935 **3.** Auch in Amerika kam der Film auf den Markt **4., 5.** Zumeist steht Karl Valentin im Mittelpunkt der Werbung.

November: »Lebhaft geschäftig. Traut sich wieder etwas zu. (…) Nur noch geringe Tagesschwankungen.« Gegenüber Norma Lorenzer klagte sie hingegen noch regelmäßig über ihre Schlaflosigkeit, so auch in einem Brief vom 9. November:

> *Ich liege immer noch in der Klinik – aber K. V. hat sich beklagt u. will am 1. Dezember nach Berlin gehen. Wenn ich nur die Schlaflosigkeit nicht so fürchten würde – aber die muss ich immer noch in Kauf nehmen. Ist Ihr Umzug schon beendet? Und wie geht es Ihnen herrliche Frau? Darf ich Sie wieder einmal sehen? Sie sind das Gegenstück zu dem Mistvieh Sandrock – Gott sei Dank, dass ich mit der nichts mehr zu tun habe.*

Am 28.11.1935 wurde Liesl Karlstadt »wesentlich gebessert, geschäftsfähig, zur Zeit arbeitsfähig« zu einem Gastspiel nach Berlin entlassen. Aus der Klinik begab sie sich direkt zum Bahnhof, im Gepäck Schlafmittel für zwei Tage, die ihr anschließend in gleicher Dosis alle zwei Tage nach Berlin geschickt wurden. Vier Tage zuvor vertraute sie ihre Ängste Norma Lorenzer an:

> *Und nun geht es nach Berlin – Val. hat schon alle Zustände wie eine schwangere Frau – eben wegen der Weltreise! Hoffentlich bin ich stark genug, um Alles ertragen zu können.*

In Berlin war das Verhältnis zwischen Valentin und Karlstadt bis zum Zerreißen gespannt. Ohne Rücksicht auf ihren Seelenzustand forderte Karl Valentin sie mit

seinen Launen, so wollte er sich mit dem Direktor des Kabaretts der Komiker an-
legen und eigentlich am liebsten gleich wieder heim nach München. Wie immer
schuf Liesl Karlstadt den Ausgleich, verhandelte den Vertrag auch für Januar und
informierte per Brief Valentins Ehefrau. Wie aus dem Austausch mit Norma
hervorgeht, hatte Valentin bei der Anreise nach Berlin nicht den vorgesehenen Zug
nehmen wollen, woraufhin Liesl Karlstadt erneut in Ungewissheit war, wann es
denn nun eigentlich losgehen sollte; in Halle hatte er dann wieder aussteigen wollen,
aber sie »hielt ihn tapfer fest«. In Berlin ging es so weiter: Der Baumeister des Hotels
Alhambra am Kurfürstendamm, in dem sie untergekommen waren, gehörte seiner
Meinung nach erschlagen, weil es zu modern und sachlich war. Liesl schrieb dazu:
»Die Direktion ist nett u. gut zu uns u. ich klammere im Geiste mich an Sie u. an die
Klinik um die Strapazen ertragen zu können.«

Zunächst meisterte Liesl Karlstadt ihre Auftritte souverän, das Publikum war
begeistert. Tagsüber versuchte sie, sich mit ihrem Bühnenmeister und Kollegen
Josef Rankl auf Streifzügen durch Berlin zu zerstreuen. Valentin ließ sie dabei eifersüchtig beobachten und begegnete ihr mit stummen Vorwürfen. Über die Weih-
nachtsfeiertage war sie laut Klinik »vermehrten Beanspruchungen« ausgesetzt, oft
spielte man zwei Vorstellungen täglich; aus Pflichtgefühl stimmte sie einer Gastspiel-
verlängerung zu, während parallel Verhandlungen für Film- und Plattenaufnahmen
sowie für die Nachsynchronisation zu *Kirschen in Nachbars Garten* stattfanden. Am
20. Dezember 1935 kam der Film in die Kinos. Die Kritiker waren weniger von der
harmlosen Handlung begeistert als vielmehr von Liesl Karlstadts Eigenheit und
Schauspielkunst, im Zentrum des Lobs stand aber vor allem Karl Valentin.

Schlafen konnte Liesl Karlstadt nur noch mit Medikamenten, von Valentin
fühlte sie sich »überbürdet«. In »dieser arbeitsüberladenen und aufreibenden Berliner Zeit«, wie sie schrieb, versuchte Dr. von der Trenck sie zu stützen, und auch
Briefeschreiben und das Mitgefühl von Norma halfen über die Erschöpfung hinweg:

*Vorgestern war Herr Dr. von der Trenck auf ein paar Stunden in Berlin. Um sich
1. von meinem Gesundheitszustand zu überzeugen und 2. um dem Valentin einige
ermahnende Worte ins Ohr zu flüstern. Ich hoffe, es wird alles gut weiter gehen ich
denke halt recht kräftig an Sie.*

Doch eines Abends verlor sie die Fassung und fing auf der Bühne an zu weinen,
auch in der Garderobe gelang es nicht, sie wieder zu beruhigen. Zum ersten Mal

funktionierte sie auch in ihrem Beruf nicht mehr. Bisher hatte sie sich darin auf ihr Können, ihre Routine und Disziplin verlassen können. Am 10. Januar holte sie Dr. Stephan von der Trenck persönlich in Berlin ab und brachte sie wieder in die Klinik in der Nußbaumstraße. Dort kam sie müde, erschöpft und depressiv an.

Liebe Frau Dr.   Berlin, 4. XII. 1935

Erstens herzlichen Dank für Ihr Telegramm oh war das eine Freude!!! Auf der Bühne wurde mir es mit vielen anderen Telegrammen u. Blumen überreicht u. Ihres war das aller allerliebste. Ich habe Arbeit – komme kaum zum essen u. schlafen, herzlichen Dank auch für Ihren so lieben Brief. Bei der Abfahrt guckte ich mir die Augen nach Ihnen aus – leider !?! Aber ich kann es verstehen. Trenck war rührend – kam mit zur Bahn u. hat mir geholfen, so gut er nur konnte.

K. V. wollte in Halle aussteigen – aber ich hielt ihn tapfer u. fest. In Berlin waren eine Menge Photographen am Anhalter Bahnhof u. die Direktion v. Kabarett u. der treue Dr. Badenhausen. Freitag u. Samstag waren Proben, Samstag Abend Vorstellung, Sonntag Nachmittag u. Abendvorstellung – Montag Presseleute – heute war ich im Atelier Johannistal um für den Film »Die Kirschen« etwas nachzusynchronisieren – alles gut gegangen. Kritik u. Geschäft gut – aber Berlin ist nicht mehr die Stadt wie früher – in München ist mehr los. Aber wir verdienen trotzdem hier besser u. haben schon neue Filmangebote. Ich denke immer noch an den schönen Samstag bei Ihnen – der war herrlich u. wohltuend für mich. Ach u. das schöne Haus u. alle lieben Menschen drin –, gell ich darf bald wieder zu Ihnen kommen. K. Val. ist grantig, schimpft auf Berlin u. über alles ----------------------? Sonst geht es mir gut, habe hier ein paar nette Menschen – wohne in einem sehr schönen Hotel – Alhambra Kurfürstendamm 68 ganz nahe beim Kabarett. Val. behauptet, der Baumeister dieses Hotels gehört erschlagen – weil es ganz modern u. sachlich ist. Die Direktion ist nett u. gut zu uns u. ich klammere im Geiste mich an Sie u. an die Klinik um die Strapazen ertragen zu können. Vielen Dank noch für Alles Liebe was Sie uns erweisen u. herzliche Grüße an Herrn Dr. und Brigitte u. die geliebten Gulbransson u. ans Kefernest aber für Sie die allerherzlichsten Grüsse und Wünsche

Ihre

Sie liebende Liesl Karlstadt

Bitte Schrift zu entschuldigen – da in grosser Eile.

Berlin 4. VII. 1935

Liebe liebe Frau Dr.!

Erstens herzlichen Dank für Ihr Telegramm
oh war das eine Freude!!! Auf der Bühne wurde
mir es mit vielen anderen Telegrammen u. Blumen
überreicht u. Ihres war das aller allerliebste.
Ich habe Arbeit - komme kaum zum essen u. schlafen,
herzlichen Dank auch für Ihren so lieben Brief.
Bei der Abfahrt guckte ich mir die Augen nach
Ihnen aus - leider!?! Aber ich kann es verstehen.
Trenk war pustrend - kam mit zur Bahn u. hat
mir geholfen, so gut er mir konnte.
K. V. wollte in Halle aussteigen - aber ich hielt ihn
Kapper u. fest. In Berlin waren eine Menge Photografen
am Anhalter Bahnhof u. die Direktion v. Kabarett u.
der Presse Dr. Badenhausen. Freitag u. Samstag waren
Proben Samstag Abend Vorstellung, Sonntag Nachmittag
u. Abendvorstellung - Montag Presseleute - heute war ich
im Atelier Johannistal um für den Film „Das Mädchen"
etwas nach zu synchronisieren - alles gut gegangen
Kritik u. Geschäft gut - aber Berlin ist nicht mehr
die Stadt wie früher - in München ist mehr los.
Aber wir verdienen trotzdem hier besser u. haben
schon neue Filme angebote.
Ich denke immer noch an den schönen Samstag bei Ihnen
- der war herrlich u. wohltuend für mich.
Ach u. das schöne Haus u. alle lieben Menschen drin

HOTEL Alhambra

DIREKTION HUBERT HASSERT **BERLIN W 15** KURFÜRSTENDAMM 68

Fernruf: Stadtverkehr C 2 / 1701 ÷ Fernverkehr C 2 / 1704

Berlin 7. XII. 1935

Sehr geehrte Frau Valentin!

Wir sind nun gut in Berlin angekommen, bis auf die grosse Jammerei in der Bahn von Valentin. Die ersten Tage waren sehr schwer hier, er wollte wieder heim u. schimpfte den ganzen Tag. Wollte auch gleich mit dem Direktor Schindler Krach machen u. sich mit den Filmleuten Engels zerkriegen, aber ich habe wieder alles geschlichtet. Nun habe ich auch gleich im Kabarett einen Vertrag für Januar abgeschlossen, das dürfte doch auch in Ihrem Sinne sein.

Er hat sich nun etwas eingewöhnt und ich sage ihm täglich, er soll sparen u. nicht wieder das Geld so zum Fenster

Brief von Liesl Karlstadt an Valentins Ehefrau. Während Liesl Karlstadt um ihren eigenen Seelenzustand kämpfte, war sie den Launen von Karl Valentin ausgesetzt, kümmerte sich um Firmen- und Familienangelegenheiten.

2 *Lachen ist Trumpf!* DEZEMBER 1935

GASTSPIEL
Karl Valentin
Liesl Karlstadt

Trude Hesterberg
Maria Ney

Henry Lorenzen
Terese Petko
Robert Dorsay
Ilse und Nikita
Awelo
3 Rulands
Lore Braun

KABARETT DER KOMIKER

Werktags täglich
4.30

Nachmittag der Hausfrau

Trude Hesterberg
Maria Ney
u.s.w.

EINTRITT

Kaffee Kuchen

KABARETT DER KOMIKER

KARL VALENTIN LIESL KARLSTADT
TRUDE HESTERBERG MARIA NEY

KABARETT DER KOMIKER

Karl valentin   Rankl, Liesl Karlstadt

...kunft in Berlin am 28. November 1935   **2., 3.** Im Kabarett der Komiker in Berlin waren sie die gefeierten Stars.   **4.** *Die Orchesterprobe* in Berlin: ...menmeister Josef Rankl (an der Tuba) sprang nach ihrem Zusammenbruch für Liesl Karstadt ein. Zuvor schon wurde er von Valentin beauftragt, ... Karlstadt nicht aus den Augen zu lassen. Um die Vorstellungen zu retten, versuchte man, sie mit allen Mitteln zu beruhigen. Vergebens, immer ...iger überkam sie große Traurigkeit, und Tränen liefen ihr über die Wangen, oder sie wurde plötzlich von Weinkrämpfen geschüttelt.

1936

Ich will so werden wie Du es willst, ich wusste ja nicht, dass ich so bin

KARL VALENTIN

Als Grund für Liesl Karlstadts Zusammenbruch und ihre erneute Einweisung in die Psychiatrische Klinik am 10. Januar 1936 wurden wieder Erschöpfung und Depressionen angegeben. Sie war so gefordert und überfordert, dass sie sich erleichtert zeigte, als man ihr Entscheidungen abnahm und sich ihrer annahm. Jetzt musste nicht länger sie für alles Sorge tragen, sondern man kümmerte sich um sie. Der Krankheitsverlauf war ähnlich wie zuvor. Sie machte nun vor allem Karl Valentin für ihren Zustand verantwortlich. Von ihm fühlte sie sich rücksichtslos behandelt, diktierte eine umfangreiche Abrechnung mit ihm, sah sich darin »schikaniert« und gab ihm die Schuld an ihrem »Versagen«. Für einen Neuanfang alleine, meinte sie, sei es inzwischen zu spät. Valentin blieb bis Ende Januar in Berlin, um seinen Vertrag zu erfüllen, und schrieb von dort lange Briefe. Aus Berlin erreichte hierzu Dr. von der Trenck ein warnendes Telegramm: »V K Brief bekommen Vorsicht = Berlin«. Apologetisch und vielleicht auch den endgültigen Verlust fürchtend, begann Valentin seinen Brief:

Liebe gute einzige Lisi!
Deinen Brief erhalten. Verlange von mir nicht ein langes Schreiben und eine Rechtfertigung – Ich bitte Dich mit aufgehobenen Händen verzeihe mir Alles, was ich getan habe, ich will so werden, wie Du es willst, ich wußte ja nicht das ich so bin, ich

In der Klinik wurde
vor Valentins Briefen
vorgewarnt.

bleibe in Zukunft die eine treue Seele ich verlange mir so lange Du lebst nichts anderes mehr als Dich, und ich werde für Dich sorgen, wie eine Mutter für ihr Kind. Du hast mir so oft gesagt, ich bin ein guter Mensch, nur in Deiner Krankheit hast du alles anders empfunden.

Schreibe mir sofort daß du mir wieder so gut bist, wie Du es immer warst. Liebe gute Lisi schreibe mir sofort, daß wir wieder zusam[men] gehören krank oder gesund, ich verlasse Dich niemals und arbeite nur mit Dir alleine oder gar nicht. (…)

Den Brief schloss er mit »Liebe liebe Lisi! *Lebe für mich* ich bitte Dich von ganzem Herzen«.

Er meinte aber auch, dass sich alles gar nicht so verhalte, wie von ihr geschildert, sondern ihre Krankheit sie alles nur habe so empfinden lassen. Zwei weitere lange ähnliche Briefe folgten, in denen Valentin die »Firma Valentin-Karlstadt« beschwor. Für die Zukunft wollte er eine Klausel in jeden Vertrag aufnehmen, die ein »Alleinarbeiten« für beide Partner ausschloss. Die Liesl sollte also für ihn wieder funktionieren. Im Grunde drehte es sich doch um ihn. »Für mich ist es trostlos!«, schrieb er aus Berlin, wo er widerwillig und klagend seine vertraglichen Verpflichtungen erfüllte. Josef Rankl sprang für die kranke Liesl Karlstadt ein. Dr. von der Trenck ermutigte Valentin, nur möglichst lange in Berlin zu bleiben. Valentins Briefe, mit denen er sie geradezu überhäufte, spiegeln auch eine Hilflosigkeit gegenüber einer leidenden und sich gleichzeitig distanzierenden Partnerin. Er realisierte, dass er sie brauchte, als Partnerin auf der Bühne, für Neues, aber auch im Leben als eine, die ihn organsierte. So sind seine Briefe einerseits Ausdruck von Mitleid, andererseits aber vor allem auch der Sorge um sich selbst. Er spürte, dass er ohne Liesl Karlstadt nicht weiterkam, und versuchte verzweifelt, am Erreichten festzuhalten.

Liesl Karlstadt antwortete auf die Briefe nicht. Als er sie nach seiner Rückkehr am 1. Februar 1936 besuchte, behandelte sie ihn absichtlich schlecht. Sie fühlte sich ungeliebt und verlassen. Stets wurde Komik von ihr erwartet, die Traurigkeit hatte keinen Platz. So sprach sie auch zunehmend weniger über ihre wirklichen Probleme, sondern stilisierte stattdessen harmlose Kümmernisse zu großen Beschwerden, wie die Ärzte bemerkten. Gegenüber Norma Lorenzer öffnete sie sich mehr. Aus der Nußbaumstraße schrieb sie ihr aber nur einmal, am 21. März 1936. Am selben Tag stattete sie dem Kefernest und Norma Lorenzer einen kurzen Besuch ab, in Begleitung von Karl Valentin, der drängelte. Offensichtlich konnte Liesl ihr dabei nicht sagen, was sie im Anschluss an ihren Besuch in einem Brief formulierte:

21. III. 1936

Sehr verehrte Frau Dr. Lorenzer!

Ach war das heute für mich eine freudige Minute, als ich Sie plötzlich sah. Ich muss aber auch sofort dazu sagen, dass mir mein schlechtes Gewissen stark zusetzte. Und deshalb möchte ich Ihnen gleich heute noch ein paar Zeilen schreiben.

Nehmen Sie recht lieben Dank für Ihren so herzlichen Brief u. Ihre grosse Anteilnahme nach meiner Berliner Rückkehr.

Leider war es aber in Berlin so anstrengend in jeder Beziehung und ich konnte trotz bestem Willen nicht durchhalten.

Schwer krank kam ich nach München u. habe die ersten 4 Wochen nichts wie geschlafen. Ich hatte mir eben doch gleich zu viel auf einmal zugetraut. Und Berlin ist ja sowieso eine aufreibende Stadt. Durch diesen Rückfall, der mich doch unerwartet traf, da es die erste Zeit sehr gut ging, war es mir so traurig zu Mute, dass ich seither einfach es nicht wagte, jemanden auf's Neue zu belästigen. Obwohl ich mit grosser Sicherheit wusste, dass Sie Verehrteste, mich bestimmt besucht hätten – so oft und oft waren meine Gedanken bei Ihnen – ich konnte nicht – immer war ich gehemmt. Dann kamen wieder Filmtage, die mit grosser Überwindung geschafft werden mussten, u. heute zog es mich in Ihre Nähe. Ich wollte blos ein wenig gucken nach dem Kefernest, ob ichs wohl von fern erkennen werde – u. da sah ich Sie gleich zu allererst u. die liebe Brigitte. Leider drängte K.V. so sehr, so dass es nur ein paar beglückende Augenblicke für mich waren, Ihnen die Hand drücken zu dürfen, und Ihnen in Ihre liebe Augen sehen zu können.

Und das tat mir so gut. Wenn nun noch die letzten Filmtage zu Ende sind, dann hoffe ich stark, auf ein Wiedersehen mit Ihnen. (…)
Ihre
Sie so liebende
Liesl Karlstadt

Liesl Karlstadt blieb bis zum 7. April 1936 in der Nervenklinik, hier wurde ihr schließlich die Arbeitsfähigkeit attestiert. Ob sie geheilt war, blieb allerdings auch dort fraglich. Wieder war sie sehr beschäftigt. Ab Ende Februar drehte sie mit Valentin unter der Regie von Erich Engels die Kurzfilme *Die karierte Weste* und *Beim Rechtsanwalt*, jeweils nach einer Originalszene von Karl Valentin und Liesl Karlstadt. Am 27. Februar begannen die Dreharbeiten zu *Beim Nervenarzt.*

Es ist gleichermaßen so absurd wie symbolisch, dass Valentin in dieser Szene die Rolle des nervenstrapazierenden Patienten übernahm und Liesl Karlstadt die des Nervenarztes. Allerdings war Liesl Karlstadt geübt darin, schließlich hatte Valentin über Jahre alle seine Ängste und Neurosen hemmungslos auf sie abgeladen. In ihrer Rolle als Arzt rät sie am Ende des Films dem »Patienten« Valentin, der seine Umgebung bis zur Verzweiflung nervt, zu einer anderen Lebenseinstellung: Er solle immer an etwas Gutes denken im Leben. In der Presse war es immer wieder Thema, wie Liesl Karlstadt sich als »Ärztin« des von Neurosen geplagten Karl Valentin annahm. Im Gegensatz zu dessen Ängsten und Hypochondrien, mit denen in der Berichterstattung immer wieder kokettiert wurde, tauchten ihre Depressionen in der Öffentlichkeit aber nicht auf, ihre Privatsphäre wurde allgemein respektiert und geschützt. Von der Klinik aus drehte sie mit ihm noch Ende März den Kurzfilm *Ein verhängnisvolles Geigensolo* nach der gleichnamigen Solo-Szene von Karl Valentin unter der Regie von Rolf Raffé. Dieser hatte seine großen Erfolge in der Stummfilmzeit gehabt, der Übergang zum Tonfilm gelang ihm nicht richtig. Mit Raffé hatte Valentin 1920 bereits den Film *Der Kinematograph* gedreht, worin auch die seinerzeit berühmten Volkssänger August Junker und Alois Hönle mitspielten; der Film ist heute verschollen. Im Rahmen der Vereinbarungen zu *Kirschen in Nachbars Garten* hatte sich Valentin zu mehreren Kurztonfilmen mit Erich Engels verpflichtet. Er kam mit Engels aber nicht zurecht, fühlte sich von ihm gehemmt und eingeschränkt. Aus diesem Grund wollte er seine vertraglichen Zusagen wieder rückgängig machen. Unter anderem argumentierte er damit, dass Liesl Karlstadt, für die die Verträge ebenso galten, die nächsten Monate wegen ihrer Krankheit

nicht arbeiten könne. Anfang Februar bat er die zuständige, aber gleichgeschaltete Reichsfachschaft um Unterstützung, um aus den vertraglich zugesicherten Optionen herauszukommen, Engels beharrte jedoch erfolgreich auf sein Recht. Später ersuchte Valentin Engels wieder um Angebote, als es ihm an Arbeit und Engagements fehlte.

Nach der Entlassung aus der Psychiatrie folgte Liesl Karlstadt nicht einer Einladung von Norma Lorenzer, sondern fuhr mit ihrer Schwester, die ein paar Tage frei bekam, in die Berge. Anschließend setzte sie ihre rege Filmtätigkeit fort. Mit Valentin drehte sie im Mai *Die Erbschaft* unter der Regie von Jacob Geis nach einer Originalszene von Karl Valentin und Liesl Karlstadt, im Juli wurden die Bühnenszenen *Der Bittsteller* sowie *Musik zu Zweien*, wieder unter der Regie von Engels, verfilmt. *Der Bittsteller* wurde von der Zensur nicht freigegeben, *Die Erbschaft* wegen der Darstellung von »Elendstendenzen« von der Filmzensur verboten. Darin erfährt ein armes Lumpensammler-Ehepaar, Karl Valentin und Liesl Karlstadt, dass es ein Schlafzimmer erben wird, und verarbeitet daraufhin die alten Möbel, seinen letzten Besitz, zu Brennholz. Als die Betten den Lumpensammlern schließlich geliefert werden, sind sie viel zu klein, dennoch versuchen sie sich hineinzuzwängen. Schließlich stellt sich heraus, dass alles nur eine Verwechslung war und der wahre Erbe ein Liliputaner gleichen Namens ist. Am Ende bleibt den beiden zum Schlafen nur noch der nackte Boden.

Auch als Filmschauspielerin verfolgte Liesl Karlstadt weiter ihre Soloprojekte. Hier wurde sie zumeist für die »piffigen« Nebenrollen besetzt. In Budapest drehte sie den Film *Mädchenpensionat*, in dem sie ein Dienstmädchen spielt, das laut Kritik

Die karierte Weste. Karl Valentin spielt darin einen untalentierten Trödelhändler. Seiner Ehefrau, Liesl Karlstadt, gelingt es auch mit großer Mühe nicht, seinen Geschäftssinn zu wecken. Eines Tages gelingt es Valentin, dennoch 100 Mark zu erwirtschaften, die er in die Taschen der karierten Weste steckt. Nichts ahnend, verkauft seine Frau ausgerechnet diese Weste.

Beim Nervenarzt. Karl Valentin in der Rolle des Patienten, Liesl Karlstadt in der Rolle des Nervenarztes. Liesl Karlstadt drehte den Film Ende Februar 1936 aus der Psychiatrie.

»Konzessionen an die Freunde derben Humors zu machen hat«. Applaus bekam sie für die »Oberlehrerszene«, in der sie sich wieder einmal, diesmal verkleidet als Schulleiter, in einen sonoren Herrn verwandelte, die angestammte Hosenrolle also. Im Juli 1936 übernahm sie im Musikfilm *Du bist mein Glück* an der Seite des italienischen Startenors Beniamino Gigli eine »mittragende Rolle«. Fotos von den Dreharbeiten in Budapest zeigen die immer schon reiselustige Liesl Karlstadt ausgelassen im Kreis der Kollegen. Im Anschluss erholte sie sich am Hintersee bei Berchtesgaden. Begleitet wurde sie dabei von der Hauptdarstellerin aus *Mädchenpensionat* Angela Salloker, und auf Karlstadts Einladung kam auch Norma Lorenzer nachgereist. Liesl Karlstadt fand den Filmstar Salloker sehr bezaubernd.

Den Sommer und Herbst verbrachten Liesl Karlstadt und Karl Valentin in Berlin. Dort drehten sie im August und September 1936 *Donner, Blitz und Sonnenschein*, wieder unter der Regie von Erich Engels. Dass der »Alpenschwank« in Berlin vorwiegend mit nicht-bayerischen Schauspielern produziert wurde, sorgt für eine gewisse unfreiwillige Komik. Wie schon beim Spielfilm *Straßenmusik*, der im April entstand, wurde eine harmlose Handlung durch die Präsenz von Valentin und Karlstadt aufgewertet. In einem Brief an Liesl Karlstadt beklagte Valentin die Bayern-Komödie aus Berlin als zu preußisch und bedauerte die schauspielerische Fehlbesetzung. Dazu zählte Valentin besonders den Schauspieler Reinhold Bernt, der auch in den NS-Propagandafilmen *Hitlerjunge Quex*, *Im Namen des Volkes* (Regie Erich Engels) und in *Jud Süß* mitwirkte. Bernt arbeitete eng mit Engels zusammen, verfasste die Drehbücher mit und schrieb in den meisten gemeinsamen Filmen eine

Restaurantszene in *Musik zu Zwein*

Musikclowns in *Musik zu Zweien*, nach der Originalszene von Karl Valentin und Liesl Karlstadt *Die verhexten Notenständer*.

Budapest, 1.VI.36

Meine süsse Carleton Norma!

Herzlichen Dank für Deinen lb. Brief, den ich heute Pfingstmontag erhielt. Ich bleibe sicher noch 8 Tage hier, die Aufnahmen ziehen sich in die Länge. Aber es geht ganz gut. Ich werde Dir Alles erzählen. Alles Liebe und 1000 Grüße

an Dich u. Alle

Deine getreue Liesl Karlstadt

1. Unter der Regie von Jacob Geis entstand im Mai 1936 *Die Erbschaft*. Die Uraufführung fand 1976 statt, nachdem der Film erst verboten, dann verschollen war. **2.** Auch der Film *Der Bittsteller* ging nicht durch die Zensur der Nationalsozialisten. **3.** Aus Budapest schrieb Liesl Karlstadt Postkarten an »Meine süsse Carleton Norma!« und die »liebe, geliebte Norma«, nicht mehr an »Frau Dr. Lorenzer«.
4. Dreharbeiten zu *Mädchenpensionat* im Mai/Juni 1936 **5.** Zwischen den Dreharbeiten erholte sich Liesl Karlstadt am Hintersee bei Berchtesgaden. Norma folgte ihrer Einladung, sie dort ein paar Tage zu besuchen.

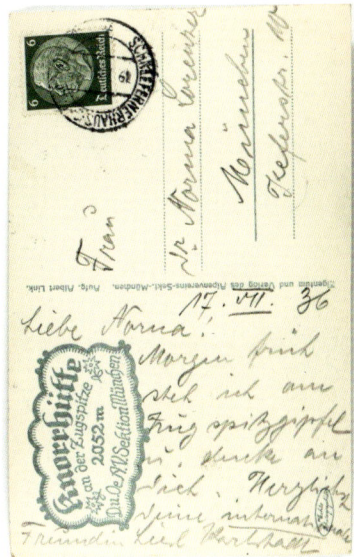

Rolle für sich hinein, glänzte aber durch geringes schauspielerisches Talent. Wegen ihm kam es immer wieder zu Streit.

So wandte sich Valentin am 11. Februar 1937 an die Filmgesellschaft »Terra«:

Noch dazu hat dann dieser Herr Bernt den Mut, mir unaufhörlich in meine Arbeit dreinzureden. Ich bin gewiss nicht grössenwahnsinnig, aber wie komme ich dazu mir von einem Filmschauspieler, der die Hälfte jünger ist als ich fortwährend dreinreden und mich korrigieren zu lassen. Nicht nur ich, sondern viele die im Atelier anwesend waren, waren erstaunt über die Bevormundung meiner Person durch Herrn Bernt. Als er auch Fräulein Karlstadt im Frisierraum eine Szene erklären wollte, wie sie das machen müsse, sagte die Friseuse, als der Herr ›Lehrer‹ den Raum verliess, ›Nu haben Sie Worte, dieser olle Klamottenkomiker will Ihnen was lernen, das haben Sie doch gar nicht nötig Frl. Karlstadt.‹

Auch in *Donner, Blitz und Sonnenschein* hätte Valentin sie lieber in der Hosenrolle des Gehilfen statt als Ehefrau des Schneiders besetzt gesehen. Diesen spielte aber Bernt.

Den gesamten September 1936 gastierten Karl Valentin und Liesl Karlstadt wieder mit der *Orchesterprobe* im Kabarett der Komiker. Wie gewohnt, lag ihnen Berlin zu Füßen. Wieder einmal wurden sie als Höhepunkt des neuen Programms gefeiert. Wenn einige Kritiker auch schon anmerkten, dass man sich zum Klassiker der »Orchesterszene« schon gerne etwas Neues wünschte. Doch stützte man sich auf Bewährtes. Neues entstand nicht, das Paar funktionierte in

Am Hintersee mit der Kollegin Angela Sallocker, sie spielte die Hauptrolle im Film *Mädchenpensionat.*

»Nach langer Zeit wieder auf dem Gipfel der Zugspitze«, unterschrieb Liesl Karlstadt dieses Foto.

Im Juli 1936 ist sie wieder im Gebirge. An Norma schrieb sie: »Liebe Norma! Morgen früh steh ich am Zugspitzgipfel u. denke an Dich. Herzlichst Deine internationale Freundin Liesl Karlstadt«

dieser Zeit nur noch in der Routine, Schöpferisches ging nicht mehr aus ihm hervor. Liesl Karlstadt hatte zwar Freude an der Arbeit, hielt aber größtmögliche Distanz zu Valentin, auch räumlich, und genoss ihre Freizeit beim Reiten, bei Ausflügen als Yachtkapitänin und einem Kurzurlaub auf Hiddensee. Sie fühlte sich gut, das ließ sie auch Norma wissen:

> *Berlin, 23. VIII. 36*
> *Du meine liebe gute Norma! (…) Also höre: Ich muss fest u. unendlich streng arbeiten im Film – aber die Arbeit macht mir nun wieder grosse Freude (wie früher) u. es geht mir sehr gut. Wirklich u. wahrhaftig. Ich denke so viel an Dich liebe liebe Norma u. freue mich schon auf ein Wiedersehen. Und Du wirst sehen, dass ich noch viel lustiger u. noch frecher u. mutiger geworden bin. Ein Glück, dass ich alleine wohne, ohne K. V. – sonst ging es mir nicht so gut. (…)*

Auch Valentins Eskapaden schienen ihr nicht mehr nahezugehen, denn im gleichen Brief schrieb sie:

> *Die 2 Ztr. Hure war eine kleine grosse Enttäuschung für ihn – ist alles aus damit – seit 8 Tagen hat er sich eine andere Hure mit 1 Ztr. 50 aus München kommen lassen. Und das muss eine schöne Woche gewesen sein, aber seit gestern ist auch die eine Enttäuschung – morgen schickt er sie wieder heim – er kann sie nicht mehr riechen, sagt er. Was u. was wird nun dann kommen? Aber sonst ist er sehr krank – sagt er. Da kannst eben nichts machen. (…)*

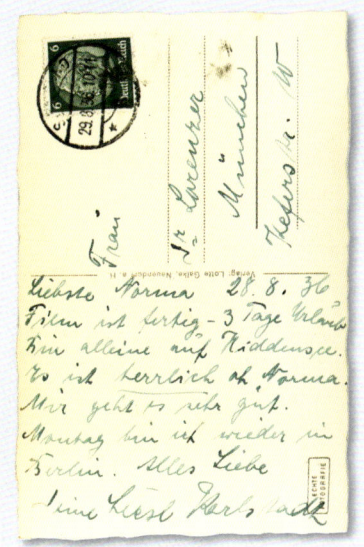

1000 Grüße, und Dir meine Liebste – Beste – mein Engel in schwerster Zeit –
alles Liebe u. fromme gute Wünsche.
Deine Dich liebende u. verehrende Liesl Karlstadt »internationaler Maybach-Filmstar«.
Ich wüsste noch so vieles – aber eben schreit man schon nach mir zur Aufnahme.
Also Wiedersehen Norma
Deine Liesl

Wie schon das ganze Jahr nahm Liesl Karlstadt in Berlin zunehmend Abstand von Karl Valentin. Sie war in ein anderes Hotel gezogen. Am 13. September schrieb er an sie:

Ich hatte einen Kameraden,
1911-1935
K. Valentin

Nach den Dreharbeiten zog es Liesl Karlstadt ins Gebirge nach Garmisch. Mit ihrem vertrauten Bergpartner Karl Wagner unternahm sie Bergtouren in der Umgebung. Am 20. Oktober reiste Liesl Karlstadt wieder nach Berlin, diesmal in den Urlaub, ohne Karl Valentin und mit dem Flugzeug, denn sie liebte das Fliegen und den Blick von oben auf die beleuchtete Stadt. Im Archiv des Valentin-Karlstadt-Musäums befinden sich drei Briefe an einen gewissen Gustav. Im November schrieb sie an ihn:

Auch in New York wurde der Film gezeigt.

Im April 1936 entstand der Film *Straßenmusik* in München.

Hiddensee, 28. 8. 1936: »Film ist fertig – 3 Tage Urlaub Bin allein auf Hiddensee. Es ist herrlich oh Norma. Mir geht es sehr gut. Montag bin ich wieder in Berlin.«

»K.V. ist sehr schwierig – aber es ist ja bald vorbei«, schrieb Liesl Karlstadt am 24.September 1936 an Norma.

1. Ausgelassen auf Hiddensee **2.** Entspannung auf Hiddensee **3.** Berlin, 23. August 1936 »Ich bin seit 2 Tagen ein Maybach-Star!!! War eingeladen auf eine Motorjacht mit 70 PS. Maybach-Motor.« **4.** Valentins Monolog *Olympia-Besuch 1936* hatte seinen Erstabdruck im Programmheft des Kabaretts der Komiker: Er saß im leeren Stadion, weil er einen Tag zu spät kam. **5.** In Berlin besuchte Liesl Karlstadt nicht nur das leere Olympiastadion, sondern war auch zu Gast bei den Olympischen Spielen 1936. **6.** In der Garderobe des Kabaretts der Komiker **7.** Artistengepäck in Berlin

(…) bin seit Oktober wieder hier. K. V. will nicht spielen (der faule Hund), infolgedessen hab ich Urlaub gemacht u. Du wirst lachen – den Urlaub verbringe ich hier in Berlin. Es gibt so viel schönes Theater hier – das kannst Du Dir gar nicht vorstellen – ich bekomme immer Karten von Gründgens – ach es ist so schön, ich will gar nicht mehr nach München.

Norma und Valentin gegenüber begann sie *über unerträgliche* Magenschmerzen zu klagen. Diese sollten sie über Jahre immer wieder ereilen, wohl auch eine Folge des Kummers und vermutlich auch der Medikamente. In Berlin führte Liesl Karlstadt Filmverhandlungen, ging ausreiten, oft ins Theater und pflegte den Kontakt zu Gustav Gründgens – sie tauschten ihre gegenseitige Verehrung mittels Fotos und Autogrammen aus. Valentin sah sich in München nach gemeinsamen Auftrittsmöglichkeiten um, im Hotel Wagner wollte Karlstadt jedoch keinesfalls auftreten, wie sie ihm wiederholt mitteilte. In einem Brief aus München klagte Valentin, dass er in München nur als »Hälfte« herumlaufe: »Das Schicksal will es so.« Liesl Karlstadt schrieb ihm, dass sie wieder gut schlafe:

(…) Angst hab ich gar nicht mehr – vor gar nichts – mag kommen, was da wolle – man muss alles mitmachen.

Ausritt im Tiergarten

»Liebste gute Norma – nochmals vielen Dank für den schönen Sonntag. Mein Flug war gestern sehr stürmisch – aber die Landung bei der beleuchteten Stadt – war märchenhaft schön. Heute früh war ich reiten im Tiergarten. Grosser Empfang u. Halloh in der Reitschule. Oh – es ist so schön u. geht mir so gut, u. gänzlich ohne Magenschmerzen. 1000 liebe Grüße immer Deine Dich so verehrende Liesl Karlstadt«

1937
Ich glaube, dass ich ein sehr unbescheidener Mensch bin

Das Jahr 1936 war für Liesl Karlstadt ein Jahr der Befreiung und der Sehnsucht gewesen. Sie war viel unterwegs und träumte von eigenständigen Filmrollen und Theaterengagements. Das Jahr 1937 bedeutete für sie nun die Rückkehr ins »alte« Leben, dem sie knapp zwei Jahre zuvor hatte entfliehen wollen. Tägliche Bühnenauftritte mit Karl Valentin standen wieder auf dem Programm. Ausflüchte wie Filmprojekte, Gastspielreisen oder dergleichen gab es keine mehr. Jetzt musste sich zeigen, ob und inwieweit sie sich gesundheitlich stabilisiert hatte. Valentin hatte sich inzwischen damit abgefunden, dass seine Liesl neben der Arbeit mit ihm auch noch andere künstlerische Ambitionen pflegte, wenn auch nur sehr widerwillig. Das brachte er auch zum Ausdruck.

Liebe Lisi! Dir muß eines klar sein, wenn Du auch schon hie und da alleine Theater gespielt hast, oder Film. Die richtige Lisl Karlstadt bist Du nur an meiner Seite. – Ich bin gerne auch der Valentin ohne Dir, aber der richtige Valentin bin ich nur zu zweit und nur mit Dir – Daher Valentin-Karlstadt. Und das ist der Hauptpunkt in der Sache. In Zukunft heißt es: Wir zusammen, oder gar nicht. – Wenn Dir aber die Nase höher steht, dann kannst Du ja auch allein filmen, ich kenn ja Deine jetzige Einstellung nicht mehr so genau ›als einst‹.

Insofern dürfte dieses neue »alte« Leben eine zunehmende Herausforderung für sie gewesen sein. Nach einem rauschenden Fest zu Jahresbeginn im Kefernest im Kreise ihrer Freunde um Norma Lorenzer flog sie Anfang Januar jedoch erst noch einmal nach Berlin. Von dort berichtete sie ihrer Freundin Norma überschwänglich von einem traumhaften Flug und von aufregenden Erlebnissen wie dem Besuch eines »schneidigen Boxkampfes«. An Valentin schrieb sie am selben Tag:

Lieber Valentin – wie geht es Dir – bist Du gesund? Mir geht es mit dem Magen sehr gut – aber die Stimmung ist nicht besonders – bin irgendwie sehr bedrückt und traurig werde auch bald wieder nachhause fahren.

Fast zwei Jahre lang war das Duo Valentin/Karlstadt in München nicht mehr zu sehen gewesen, zuletzt im März 1935. Damals spielten sie im Kabarett Wien-München im Hotel Wagner, die Szene *Ehescheidung vor Gericht*, in der Liesl Karlstadt in fünf verschiedene Rollen schlüpfte. Doch jetzt war es wieder so weit. Am 23. Januar 1937 standen sie mit ihrer Szene *Der reparierte Scheinwerfer* im Kabarett Trocadero Benz in Schwabing in der Leopoldstraße 50 daheim in München auf der Bühne.

In den Jahren 1935 bis 1937 hatte sich die Theater- und Kleinkunstszene Münchens noch einmal deutlich verändert. Karl Valentins Panoptikum war geschlossen, das Hotel Wagner insolvent. Es wurde 1937 von der Städtischen Sparkasse ersteigert. Auch im Kolosseum, wo Valentin/ Karlstadt zu Beginn der 1930er-Jahre regelmäßig auftraten, wurde der Theaterbetrieb eingestellt. Bis März 1939 sollte deshalb das

Trocadero Benz in der Leopoldstraße ihre neue Heimat werden. Andere Möglichkeiten für regelmäßige und längerfristige Auftritte gab es für sie in München ansonsten nicht mehr. Ab 23. Januar 1937 standen sie dort bis zum 24. März mit ihrer Szene *Der reparierte Scheinwerfer* auf der Bühne. Vom 25. März bis 17. April spielten sie dann *An Bord* und vom 18. April bis 10. Mai die *Orchesterprobe*.

Die Auftritte im Trocadero Benz verliefen sehr erfolgreich. Doch Liesl Karlstadts Gemüt begann sich langsam wieder zu verdüstern, und ihr Lebensmut schwand erneut. An Norma schrieb sie am 17. März 1937:

Ach Norma ich wünsche mir, dass ich sehr bald wieder mutig und froh bin – gell, dann komme ich zu Dir.

Dem Brief legte sie einen Zeitungsausschnitt bei mit der Überschrift »Der Damenbart wird geschmirgelt« und bemerkte dazu: »Bei mir hilft es nichts – von wegen rasieren – aber Dir liebe Norma könnte diese Anregung gute Dienste tun.«

Norma Lorenzer war eine Frau mit sehr maskulinen Zügen. Raimund Lorenzer, ihr Stiefsohn, bemerkte hierzu in einem Gespräch, er habe nie verstanden, was sein Vater an dieser Frau mit ihrer sehr herben Schönheit habe finden können, da dieser in so gut wie allen Bereichen seines Lebens größten Wert auf Anmut, Schönheit und Ästhetik gelegt hatte. Er fügte jedoch hinzu, die Beziehung seines Vaters zu Norma sei von tiefem gegenseitigen Verständnis geprägt gewesen.

Je länger Liesl Karlstadt im Frühjahr 1937 mit Karl Valentin auf der Bühne stand, desto weniger ertrug sie dies. Die Symptome vom Frühjahr 1935 tauchten wieder auf. Sie empfand Valentin zunehmend als unerträglich, sich selbst zunehmend als schlechte Schauspielerin und wurde immer unzufriedener mit ihrer gesamten Lebenssituation. Am 10. Mai ging es nicht mehr. Liesl Karlstadt war wieder krank und begab sich in die Psychiatrische Klinik in der Nußbaumstraße. Es ging ihr schlecht. In ihrer Krankenakte ist zu lesen: »10.5.37: Briefe in devoter Manier, Opium. Erwägt Trennung von ihrem Partner, aber nicht ernsthaft. Ideenflüchtig. Sie ist höchst unzufrieden und beschwert sich über alles.« Unter Ideenflucht versteht man in der Psychologie eine Form der Denkstörung, wobei ein Gedanke sich zusammenhangslos an den nächsten reiht, die Patienten reden ununterbrochen, sind sehr sprunghaft, verlieren sich im Detail und können keinen Gedanken zu Ende führen. Alles, was ihnen in den Sinn kommt, muss ausgesprochen werden. Diese Störung tritt oft im Krankheitsbild von Manisch-Depressiven auf.

Am 7. Juni bekam Liesl Karlstadt Besuch von Norma Lorenzer. Die beiden gingen zusammen von der Klinik aus in die Stadt. Gleich anschließend schrieb sie an Norma:

Meine liebe gute Norma! Vor kaum einer Viertel Stunde gingst Du von mir – ich sitze in meiner ›Zelle‹ und muss so viel an Dich denken. Warum konnte ich Dich auch nicht besser trösten? Wo ich mir doch einbilde, Dir innerlich sehr nahe zu stehen, fand ich doch so wenig ermutigende Worte für Dich. Hoffentlich war der Abend heute für Dich nicht eine allzu grosse Enttäuschung – das würde mir so leid u. weh tun. Du hast mir doch so viel geschenkt heute ----- u. alles alles nahm ich an. Ich glaube, dass ich ein sehr unbescheidener Mensch bin, ein egoistischer – der so viel Liebe und Güte von Dir empfängt – Dir aber stets mit leeren Händen entgegenkommt. Ich weiß nicht, ob das nicht ein sehr schlechter Zug von mir ist.
Liebe gute Norma – wenn ich Dir ein bisschen nur etwas zurück geben kann von dem so Vielem – was Du mir schon getan – dann wäre ich froh. Könnte ich Dir doch in erster Linie ein wenig Dein klein unruhiges Herzchen trösten – so aber – kann ich nur wünschen und hoffen, hoffen ganz fest – dass alles was Du so liebst, Dir ganz gehört u. Dich immer wieder lieben wird. Das muss wieder kommen, denn Du bist nicht nur die tapfere Frau, sondern ebenso auch die so wertvolle Freundin und Kameradin Deines Mannes. Und Deine vielen Vorzüge werden auch schicksalsbestimmend sein u. Dir bestimmt fernerhin wieder zu einem geruhsamen Leben verhelfen.

Die Beziehung von Norma Lorenzer zu ihrem Mann Raimund dürfte kompliziert gewesen sein. In dieser Zeit gab es offenbar die ersten Verwerfungen. Die Ehe wurde später geschieden, Raimund Lorenzer heiratete erneut und hatte mit seiner zweiten Frau Marianne zwei Kinder. Dennoch blieben sich Norma und Raimund Lorenzer lange Zeit noch freundschaftlich eng verbunden.

Am 1. Juli 1937 wurde Liesl Karlstadt als »gebessert, aber arbeitsunfähig« aus der Psychiatrischen Klinik entlassen. Mit ihrer Schwester Amalie fuhr sie zur Erholung nach Lenggries. Sie sollte für längere Zeit keine Auftritte mehr absolvieren können. Karl Valentin spielte weiter im Trocadero Benz, Beppo Benz übernahm dabei Liesl Karlstadts Rollen.

In Lenggries wohnte sie im Ortsteil Wegscheid im Elternhaus des Tölzer Krankenhauspfarrers Jakob Ostler in der Jachenauer Straße. Hier fühlte sie sich sehr wohl, und es entstand eine enge Freundschaft mit den Ostlers, die bis zu Liesl Karlstadts Tod im Juli 1960 anhielt.

Für Karl Valentin war es mühsam, den Kontakt zu Liesl Karlstadt zu pflegen. Seine Post ging immer nach Bad Tölz in das Kuratenhaus des Tölzer Krankenhauses, wo Jakob Ostler lebte, der die Post dann nach Wegscheid brachte. Auch Telefonieren war schwierig. Am 13. Juli 1937 schrieb sie an Valentin:

Wir sind gut angekommen u. wohnen bei Ostler. Telephon gibt es nur in der Wirtschaft – dort würden sie mich holen wenn notwendig. Die Nummer ist: Wegscheid bei Lenggries, öffentliche Telefonstelle, also nur so durch das Amt erreichbar. Solltest du einmal anrufen, dann bitte nicht vor 7 Uhr Abend. Es geht mir soweit ganz gut.

In einem Brief an die Frau des ehemaligen Betreibers des Kolosseums, Karl Hundeshagen, schrieb Valentin zu deren 60. Geburtstag im Nachsatz:

Liesl Karlstadt kann leider nicht unterschreiben, weil sie leider keinen so langen Bleistift hat, der von Wegscheid b/Lenggries bis nach München reicht. Adresse: L. K. Wegscheid b/Lenggries Haus Ostler.

Nach Aussage der Familie Ostler wollte Liesl Karlstadt in Wegscheid sogar ein Grundstück erwerben, um darauf zu bauen. Sogar einen Bauplan soll es schon gegeben haben. Diese Pläne hätten sich allerdings in den Kriegswirren wieder zerschlagen.

Am 17. Juli 1937 schrieb Liesl Karlstadt an Norma Lorenzer:

Ich wohne hier sehr nett und sauber in einem Bauernhaus. Es geht mir nicht schlecht – aber die Stimmung lässt noch sehr zu wünschen übrig. Manchmal überfällt mich eine grosse Traurigkeit. Meine Schwester ist in ihrer Art sehr aufmerksam und besorgt um mich. Dr. Badenhausen bemüht sich ebenfalls um mich u. ist sehr sehr aufmerksam (…). Ausserdem sind auch die Leute im Hause recht nett.
Leider muss ich halt noch immer Schlafmittel nehmen und zudem habe ich mir in der Klinik noch die unentbehrlichen Opiumtropfen erkämpft. Bin aber auch sehr froh um die letzteren.
Wir unternahmen schon allerhand – 2 Bergtouren, waren auch schon baden, u. haben eine Flossfahrt von Fall bis Lenggries hinter uns. (…) Soeben war ich drüben in der Wirtschaft am Telefon. K.V. rief an – ich sollte doch sofort nachhause kommen – um die Raubritter fertig zu schreiben.

Allmählich begann sich Liesl Karlstadt zu erholen, und Karl Valentin war fern. Am 31. Juli verließ sie Wegscheid und kehrte nach München zurück.

Am 20. August 1937 hatte Liesl Karlstadt seit langem wieder mit Karl Valentin zu tun. Sie trafen sich zu Schallplattenaufnahmen in den Räumen des Reichssenders München für eine Sendung, die am 2. Oktober 1937 ausgestrahlt wurde. Die *Bayerische Radiozeitung* feierte dies in der Oktoberausgabe mit einem großen Artikel unter der Überschrift »Valentin-Karlstadt zum ersten Mal gemeinsam im Rundfunk«.

Glückliche Tage in Wegscheid

Abschied von Wegscheid, 31. Juli 1937

Aufgenommen wurden die Dialoge *Die Zitherstunde*, *Der Hasenbraten*, *Beim Arzt*, *Am Heuboden*, *Die Ansage*, *Das Lied zum Sonntag* und *Im Zoologischen Garten*. Die zweite Runde mit Aufnahmen für diese Sendung mit den Dialogen *Karl Valentin tanzt nach der Schrift*, *Schäfflertanz* und *Im Gerichtssaal* fand dann am 2. September statt. Am Abend des 20. August trat Liesl Karlstadt zusammen mit Karl Valentin im Rahmen der Tagung des Reichsrechtsamtes der NSDAP im Festsaal des Alten Rathauses auf. Eingeladen hatte Reichsminister Dr. Hans Frank, der später während des Zweiten Weltkriegs Generalgouverneur des besetzten Polens war und 1946 als Kriegsverbrecher hingerichtet wurde. Höchste NSDAP-Prominenz war anwesend. Valentin/Karlstadt spielten »von nicht enden wollendem Lachen begleitet« ihre *Orchesterprobe*. Gleich am nächsten Tag ging es dann für Liesl Karlstadt ab in ihre geliebten Berge.

Ab September 1937 stand Liesl Karlstadt wieder gemeinsam mit Karl Valentin auf der Bühne des Trocadero Benz, wo sie den *Firmling* spielten. Im Oktober 1937 stand dann auch dort die *Orchesterprobe* auf dem Programm. Im September 1937 erschien das Buch *Die Frau als Schauspielerin* von Rudolf Bach, mit dem Kapitel »Liesl Karlstadt / Kameradin, Partnerin, Meisterin«. Aus keinem Aufsatz wurde im Zusammenhang mit Liesl Karlstadt häufiger zitiert als aus diesem. In fast allen Publikationen über sie findet sich der Satz:

In dieser merkwürdigen, doppelbödigen, leise unheimlichen Welt ist Liesl Karlstadt sozusagen das Diesseits, der Tag, das Maß, das Umgrenzte, Natürliche, Vernünftige,

Karl Valentin und
Liesl Karlstadt bei
Rundfunkaufnahmen am
20. August 1937

Bürgerliche, der Verstand bis hinab ins Nüchterne, der Gegenpol aller lächelnden oder melancholischen oder bissigen Narretei. Liesl ist zart, lieb, nüchtern, humorvoll, gutmütig, bösartig, grob, skeptisch, überlegen, gaunerisch, charmant, beschränkt, schlau – je nachdem, in welcher Gestalt dieser ewige Gegenpol sich verkörpert.

Am 29. August: Plankenstein, mit Wagner Karl und Krause (Liesl Karlstadt, Bergwanderbuch)

Doch ab dem 11. Oktober war Liesl Karlstadt wieder krank, diesmal hatte sie sich erkältet, konnte nicht mehr auf die Bühne und brauchte Erholung. Die Rolle des Kapellmeisters musste erneut Beppo Benz übernehmen. Am 12. Oktober schrieb sie ihrer Freundin Norma: »Liebe geliebte Norma – ich komme trotz Bronchitis u. laufender Nase am Mittwoch mit Zug 6:50. Dann nehme ich ein Taxi u. komme gleich zu Dir.«

Mitte Oktober fuhr Liesl Karlstadt wieder nach Wegscheid. Hier verbrachte sie bis Weihnachten die meiste Zeit und unternahm von dort aus Skitouren.

Am 18. und 19. November fanden dann die Dreharbeiten zum Film *Ewig Dein* nach dem gleichnamigen Bühnenschwank von Max Neal und Max Ferner im Isartal bei Baierbrunn statt. Produziert wurde der zwanzigminütige Film vom Münchner Filmunternehmen Arnold & Richter, Regie führte Erich Engels. Dieser Film ist die letzte gemeinsame Arbeit von Karl Valentin und Liesl Karlstadt mit Erich Engels. Karl Valentin spielte darin den heiratswilligen Ökonomen Sebastian Pfaffinger, Liesl Karlstadt seine Wirtschafterin, Philipp Weichand den ebenfalls heiratswilligen Friseur Georg Huber, Erika Fischer die Erbhofbäuerin Veronika. Daneben wirkten auch Franz Loskarn und Josef Eichheim mit. Der Film *Ewig Dein* ging am 4. April

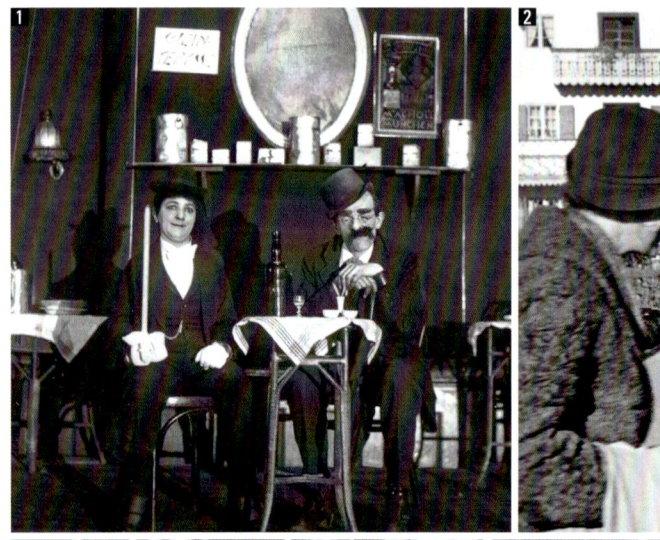

Der Theaterbesuch,
Dezember 1937
und Januar 1938 im
Kabarett Benz

Liesl Karlstadt und
Karl Valentin im Film
Im Senderaum, 1937

1938 durch die Zensur und wurde als jugendfrei eingestuft, erhielt allerdings ein Feiertagsverbot. Heute ist der Film bis auf ein 58 Meter langes Fragment verschollen.

Am Samstag den 4. Dezember wurde Liesl Karlstadt beim »Tag der nationalen Solidarität« als Sammlerin eingesetzt: von 16 bis 19:30 Uhr in der Weinstraße in München und von 21 bis 23 Uhr dann in allen öffentlichen Lokalen in der Weinstraße sowie den umliegenden Kinos und Theatern während der Pausen und nach der Vorstellung. Die Sammelbüchsen waren am 3. Dezember um 16 Uhr im »Haus der Nationalsozialisten« abzuholen und konnten am 4. Dezember ab 19:30 Uhr die ganze Nacht hindurch in der Stadtsparkasse im Rathaushof abgegeben werden.

Die Zeit bis kurz vor Weihnachten 1937 verbrachte Liesl Karlstadt in Wegscheid bei den Ostlers. Weihnachten selbst feierte sie in München im Kefernest zusammen mit Norma, Brigitte und Raimund Lorenzer sowie mit dem Komponisten und Musiker Rudolf Hindemith, dem Bruder des Komponisten Paul Hindemith.

Ab 25. Dezember standen Karl Valentin und Liesl Karlstadt, wie lange vorher angekündigt, endlich wieder gemeinsam im Trocdero Benz auf der Bühne. Sie spielten die Szene *Der Theaterbesuch*. Am 28. und 29. Dezember 1937 drehten die beiden den Kurzfilm *Der Antennendraht / Im Senderaum*. Regie führte Joe Stöckel. Laut Valentin soll dieser Film während der NS-Zeit nie öffentlich gezeigt worden sein.

Dieser Knabe, der keiner ist, sondern ›die Liesl‹, hat's in sich.« (René Prévot) Karl Valentin und Liesl Karlstadt in ihrer Szene *Der Firmling*,
o von 1925 **2.** Liesl Karlstadt in Wegscheid bei Lengries, Oktober 1937 **3., 5.** Liesl Karlstadt bei den Dreharbeiten zum Film
ig Dein November 1937 **4.** Abschied von Wegscheid, Dezember 1937

1938
Ich will recht tapfer sein

Liesl Karlstadts sehnlichster Wunsch war, tragende Rollen in abendfüllenden Spielfilmen angeboten zu bekommen. Doch auch im Jahr 1938 gab es für sie keine Filmaufträge. Sie spielte Theater mit Karl Valentin und im Theater am Gärtnerplatz, machte Rundfunkaufnahmen, stieg auf die Berge – und war krank.

Im Februar spielte sie mit Karl Valentin wieder im Trocadero Benz. Daneben probte sie im Theater am Gärtnerplatz für die Revue *Der goldene Pierrot* und stand im Rundfunkhaus in einer auf münchnerisch getrimmten Hörspielfassung der *Fledermaus* vor dem Mikrofon. Am 8. Februar fuhr sie nach Bayrischzell aufs Sudelfeld und am 13. Februar nach Wegscheid, von wo aus sie auf die Alemannenhütte wanderte.

Der Faschingssonntag am 27. Februar 1938 war ein besonders ereignisreicher Tag. Um 20:00 Uhr fand die Premiere des *Goldenen Pierrot* im Theater am Gärtnerplatz statt, und bereits um 19:30 Uhr war im Radio die *Fledermaus* in der Inzenierung von Erich Müller-Ahremberg und Franz Weichenmayr zu hören. Die Musik von Johann Strauß ließ man hierbei unangetastet, die Handlung indes wurde von Wien nach München verpflanzt und einige Teile des Textes »münchnerisch« verändert. So wurde die Rolle des Prinzen Orlofsky durch das Ehepaar Rembremerdeng ersetzt, im zweiten Akt Gastgeber des großen Festes. Liesl Karlstadt sang und sprach die Gräfin Walburga von Rembremerdeng, ihren Ehemann Graf Kasimir von Rembremerdeng

Schnappschüsse auf die Fledermaus

Das ist ein Teil der Schar, die uns mit der großartigen Faschingsaufführung der Fledermaus am Reichssender München so viel Freude gemacht hat: Gustl Waldau, Weiß Ferdl, Lisl Karlstadt, Maria Reining, der Spielleiter Erich Müller-Ahremberg, Gusti Wolf und Peter Anders

Das Ensemble der Münchner *Fledermaus*

spielte Walter Holten, den Frosch gab Weiß Ferdl, und die Sprechstimme der Adele, »die als ganz ›feune‹ Dame sehr ›gebüldet‹ spricht, entpuppt sich als Karl Valentins Tochter Bertl«, wie man in einer Zeitungskritik lesen konnte. Der Name Rembremerdeng ist der Fantasie Karl Valentins entsprungen. Schon 1929, in der Schallplattenaufnahme *Der Spritzbrunnenaufdreher*, wendet sich Valentin bittend an einen Baron von Rembremerdeng.

Die Fledermaus wurde im Rundfunk massiv beworben: »Eine ganze Reihe der beliebtesten Künstler, die dabei mitwirken, hat der Rundfunk in ihrer Wohnung aufgesucht und sie zum zwanglosen Plaudern angeregt.« Auch Liesl Karlstadt wurde in ihrer Wohnung besucht. Man erfährt, dass an ihrer Wohnungstür nur ihre Initialen LK stehen, sie wunderbar eingerichtet sei, an den Wänden »alte Holländer«, alte Landkarten und schöne große Fächer hingen und an ihrem Bett ein großes Lebkuchenherz mit der Aufschrift »Hab ich nur Deine Liebe«. Liesl Karlstadt erzählte, dass sie am liebsten Erbhofbäuerin in Wegscheid bei Lenggries werden würde, doch dazu reiche ihr Geld noch nicht. Derzeit spiele sie gerade mit Valentin bei Benz, über Valentin dürfe sie allerdings nichts sagen, das hätte er verboten. Am 27. Februar sei sie im Rundfunk in der *Fledermaus* zu hören und ab 27. Februar werde sie im Gärtnerplatztheater in der Operette *Der goldene Pierrot* auftreten. »Da spiel ich die Haushälterin von Gustav Waldau, das ist mein Partner. Und im *Goldenen Pierrot* bin ich zuerst die Haushälterin und geh dann verkleidet auf einen Ball, mit der Tochter des Hauses, und zwar als Shirley Temple. Stellen Sie sich vor, ich als Shirley Temple.« Die Schauspielerin Shirley Temple war Mitte der

1930er Jahre ein amerikanischer Kinderstar, der wie keine andere Darstellerin dieser Zeit die Kinokassen füllte. Daneben erzählt Liesl Karlstadt: »Aber filmen möcht ich einmal, seit eineinhalb Jahren hab ich keinen großen Film mehr gemacht, schade, schade, das wär mir das allerliebste.« Befragt nach ihren Vorlieben in der Freizeit erklärte sie: »Wenn ich Zeit hab, dann geh ich zum Skilaufen. Das muss ich mir aber immer sehr teuer erkämpfen, das Skilaufen. Ja weil ich immer erst Nachts um zwei Uhr nach Hause komm, um fünf Uhr früh wieder aufstehn, dann reinfahren, den Berg raufsteigen. Bei der Abfahrt da komm ich daher wie der Nurmi, da muss ich immer auf die Uhr schaun, damit ich ja nicht den Zug versäum, weil ich doch am Abend wieder spielen muss.« Und: »Zum Reiten geh ich, Turnstunden nehm ich, mein neuester Sport ist Mundharmonikaspielen, zum Vergnügen. Ich kann ja bloß drei Lieder. Es ist nicht schön, aber mich freut's.«

Am 27. Februar 1938 war also die Premiere der Revue *Der goldene Pierrot* im Theater am Gärtnerplatz. Das Münchner Gärtnerplatztheater war auf Anregung Adolf Hitlers verstaatlicht, aufwendig restauriert, mit modernster Technik ausgestattet und am 20. November 1937 mit einer Inszenierung der *Fledermaus* neu eröffnet worden. Auch Hitler selbst war anwesend, doch die Inszenierung missfiel ihm derart, dass er das Theater bereits in der Pause demonstrativ verließ. Das Stück wurde abgesetzt und in Absprache mit Gauleiter Adolf Wagner unter der Aufsicht von Fritz Fischer neu inszeniert. Die Politik redete bei Theaterinszenierungen mit. Sie mussten dem Führer gefallen.

Fritz Fischer war in den 1920er-Jahren am German Theatre in Milwaukee

Der goldene Pierrot

!!! Tingo !!!
im Theater am Gärtnerplat

Heiterkeit und
Fröhlichkeit
herrscht im

Theater am Gärtnerplat
dem Haus der
„Frohen Laune"!

„Der goldene Pierrot

Urteil der Presse:
Dreiunddreißig Runden zählte di
ergötzliche Faschingstreiben, das m
einer tänzerischen Beschwingthei
einem musikalischen Elan, einem sze
nischen und kostümlichen Reichtu
und einem Aufgebot an reizende
Frauen und lustigen Darstellern ohn
gleichen die Sinne berauschte — !
Der Beifall steigerte sich z
orgiastischem Jubel
Nächste Vorstellungen: 1., 2., 5., 6., 7. u. 8. Mä
Sichern Sie sich Karten im Vorverkauf!

Liesl Karlstadt als
Dienstmädchen Minna
und als Shirley Temple
in der Revue *Der
goldene Pierrot*

beschäftigt, leitete von 1929 bis 1932 die Dresdner Komödie und arbeitete in den 1930er-Jahren für das Berliner Varieté Scala. Auf Empfehlung von Gauleiter Wagner kam er Ende 1937 ans Gärtnerplatztheater, dessen Intendanz er am 1. Mai 1938 übernahm und mit einer Unterbrechung bis 1944 innehatte. Fischer stand, angeregt durch den amerikanischen »Broadway-König« Florenz Ziegler, für rasante und stets leicht frivole Inszenierungen, die vor allem durch Einsatz von Technik und imposanten Bühnenbildern mit viel nackter Haut überzeugen wollten. Karl Valentin hatte im März 1939 *Die lustige Witwe* im Gärtnerplatztheater gesehen und schrieb danach an Fritz Fischer:

> *Heute im Zeichen der Technik müssten die Drehbühnen in der Minute 2000 Umdrehungen machen, also bitte mehr Tempo. Die Nacktänzerin strotzt vor Schlankheit. Wo sind bei ihr die Formen des Weibes? Ist sie krank? Leidet sie an Abzehrung – dann runter von der Bühne und in ein Sanatorium. Wenn man uns schon nackte Frauen zeigt, dann bitte wenigstens vollschlank.*

Der goldene Pierrot dauerte vier Stunden und ist beschrieben als »Faschingsoperette in 33 Bildern, die teils in der Vergangenheit im Jahre 1934 und teils in der Zukunft im Jahre 1943« spielen. Ein Markenzeichen von Fritz Fischer war es, all seine Inszenierungen in exakt 33 Bilder zu unterteilen. Das Publikum war aufgerufen, maskiert zu erscheinen, und sollte mitsingen, mittanzen und mitschunkeln. »Liesl Karlstadt ist als Shirley Temple zum Totlachen und als Dienstmädchen Minna

überzeugend ›gschert‹«, stand am 1. März 1938 im *Völkischen Beobachter*. Daneben traten Karl Valentin als düsterer Radfahrer aus dem Jahre 1943, Alfred Gondrell als Präsident der Deutschen Kleinkunst und Weiß Ferdl als erster Münchner Untergrundschaffner auf.

Denn bereits 1938 hatte man begonnen, in München eine Untergrundbahn zu bauen. Teile des damals gegrabenen Tunnels zwischen Goetheplatz und Sendlinger Tor dienten während des Kriegs als Luftschutzkeller und wurden nach dem Krieg mit Trümmerschutt zugeschüttet. Andere Teile dienten der Pilzzucht, aber eindringendes Grundwasser machte sie unbenutzbar.

Der goldene Pierrot stand bis Ende April auf dem Spielplan des Gärtnerplatztheaters. Parallel dazu spielte Liesl Karlstadt mit Karl Valentin im Kabarett Benz. Sobald ihr Auftritt im *Goldenen Pierrot* zu Ende war, eilten sie in die Leopoldstraße, um dort den zweiten Teil des Abends zu bestreiten. Im März spielten sie den *Firmling* und im April die Szene *Beim Rechtsanwalt*.

Und immer, wenn es der Theaterspielplan irgendwie erlaubte, machte Liesl Karlstadt Ausflüge ins Gebirge.

Im April 1938 probte sie zusätzlich zusammen mit Karl Valentin ihre neue Szene *Der Umzug*, die am 1. Mai 1938 im Deutschen Theater München im Rahmen des Varietéprogramms *Lachen, Leistung, Schöne Frauen* uraufgeführt wurde. Das Programm bestand aus zwei Teilen, im ersten Teil traten Jongleure, Einradfahrer, akrobatische Tänzer, ein Xylophonvirtuose, Stepptänzer, Billardkünstler, eine exotische Tänzerin mit javanischem Hoftanz und indischem Festtanz sowie original

Karl Valentin und Liesl Karlstadt in *Beim Rechtsanwalt*

Wiener Straßensänger auf. Nach der Pause begann der zweite Teil mit komischen Lichtbildern von Karl Valentin, und darauf folgte *Der Umzug*.

Nach der Uraufführung mussten Karl Valentin und Liesl Karlstadt den Schluss von *Der Umzug* ändern. »Der riesige Greifbagger, der auf der Bühne das Häusl mit der halben Einrichtung zwischen seine Zähne nahm und verschwinden ließ, wurde von der Zensur des Dritten Reiches verboten«, schreibt Theo Riegler in seiner Liesl-Karlstadt-Biografie.

Die Revue *Lachen, Leistung, Schöne Frauen* mit der Valentin/Karlstadt-Szene *Der Umzug* stand vom 1. bis 31. Mai 1938 auf dem Programm des Deutschen Theaters. Doch wie schon in den Vormonaten eilten die beiden nach der Vorstellung ins Trocadero Benz, um in der Spätvorstellung, Beginn 23:30 Uhr, ihre Szene *Gebirgssängergruppe Alpenveilche*n zu spielen. Mit dieser Szene hatte 25 Jahre zuvor, 1913, ihre Zusammenarbeit begonnen.

Auch im Juni gastierten sie bei Benz, diesmal mit der Szene *Im Senderaum*. Davor machte Liesl Karlstadt einen Kurzurlaub auf Hiddensee.

Ab 1. Juli 1938 stand im Deutschen Theater eine neue Revue auf dem Spielplan, diesmal mit dem Titel *Triumph der Leistung, Schönheit, Humor*. Nach bewährtem Muster folgten auf ein Varietéprogramm im ersten Teil im zweiten Teil Karl Valentin und Liesl Karlstadt, wieder mit dem Stück *Der Umzug*. Am 1. und 2. Juli spielten sie zudem die Szene *Das braune Band*. Seit 1936 wurde unter der Leitung von Christian Weber, SS-Brigadeführer und Kommandeur der SS-Hauptreitschule München, auf der Pferderennbahn in München-Riem das Rennen um das »Braune

Valentin — Opus Nr. ?

„Wir hatten Glück." Karl Valentin.

Karl Valentin und Liesl Karlstadt spielen zur Zeit (im Rahmen eines zum größten Teil vorzüglichen Varietéprogramms des Münchner Deutschen Theaters) einen neu ersonnenen Mimus, welcher den alle valentinischen Möglichkeiten enthaltenden und versprechenden Titel trägt: „Der Umzug". Wer den Stil Valentins und seiner Partnerin, die mit ihm auf eine ideale, man möchte sagen: von der Einbildungskraft des Schicksals selbst vorgedachte Weise übereinstimmt — wer diese Kunst auch nur einigermaßen kennt, der muß angesichts dieses Titels phantasierend sich gleich mit der Frage beschäftigen: Was alles wird da vorfallen können? Nämlich an unglückseligen Ereignissen — an heillosen Verknüpfungen, deren Komik dem schauderhaften Ernst bezahlt ist, der dahinter steht; an Verwirrungen, an Mißfügungen, deren unsäglicher Ernst bloß deshalb ertragen werden kann, weil er mit der äußersten Komik in eine unbegreifliche, ja wahrhaftig: genial ausgewogene Gleichung gebracht wird.

Und in der Tat: die vermeldende Feder kann eigentlich nur ihre Ohnmacht bekennen, diese neue Szene zu beschreiben. Sie will auch nur eben an die Vorstellung der Menschen appellieren, die wissen, wer Valentin, wer Liesl Karlstadt ist. Wie die Szene sich an- und fortspinnt, werden diese Menschen wenigstens ahnen, wenn man ihnen beispielshalber — denn wirklich würde der Fülle des Gesamten kein Bericht genugtun — ein paar Anhalte böt:

Die Sonnenblumen stehen hoch in Blüte. Valentin kommt mit väterlichen Fäustlingen daher. Es ist die klassische Clowns-Entrée.

Den Karren schiebt es mühsam herein — so eine Rad von einem ist durch Sperrkette und Vorhängeschloß „gesichert".

Dem kläglichen Mobiliar mangelt es nicht an Gegenständen eines noch kläglicheren Luxus: da ist ein Azaleenstöckchen — so fein, wie die Geschichte des Gartenbaus es noch niemals hergegeben hat; ein Kanari in seinem Käfig; ein Aquarium (das unvergeßliche Aquarium, das mancher wenigstens von der Schallplatte her kennt, wo es aber seine eigene Geschichte hat). Das Aquarium ist noch mit Wasser gefüllt, obwohl die Goldfische längst gestorben sind. Wohin mit dem Wasser? Verschiedene nervöszerwürige Versuche, es abzugießen. Schließlich säuft Valentin es — „zum Andenken" an die Goldfische; es wäre pietätlos, solches Wasser in den Kanal zu schütten. Und die Azalee in Rosa? Man kann sich denken, wie oft, das heißt: in wie unangebrachten Augenblicken Valentin hartnäckig immer wieder versucht, die Azalee zu verstauen — bis die gute Liesl gereizt (auch sie ist nur ein Mensch) den Blumentopf an seinem unsinnigen Schädel zertrümmert, worauf Valentin die Blumen zwischen Ohnmacht und Bewußtsein ins Knopfloch steckt. Was er den Kanari angeht, so läßt ihn Liesl Karlstadt kurz entschlossen fliegen wie eine Brieftaube; sie sagt ihm die neue Adresse (. . . . straße 33, Rückgebäude, fünfter Stock Mitte): intelligentes Viecherl, wird schon hinfinden. Sie sieht dem Kanari nach: beinahe wäre er an einem Kamin „o'g'fressen"; da gibt sie in die Richtung durch freundlichen Zuruf — „weiter rechts! gut . . . . weiter links! gut."

Da ist ein Puppenwagen. Er wird an den Karren gebunden, den schäbigen Karren, der vom Federbett bis zum Lavoir

(Jugendstil) alles aufzunehmen vermag. Da ist auch eine Wanduhr. Muß man versichern, daß Valentin sich samt den Fäustlingen, die an ihm pendeln, und samt den Gewichtsketten der Uhr in die Schnur verheddert, mit welcher der Kinderwagen an den Karren gebunden ist? Muß man hinzufügen, daß Valentin dabei einen Kleiderbügel in der Tasche hat, der heraussteht und das seinige dazu beiträgt, die schreckliche Objektivität der Verhältnisse zu komplizieren?

Der Knoten des Schicksals ist geschürzt.

Es ist allein das Schwert der Katastrophe, das ihn zu lösen vermag.

Worin allein aber kann die Katastrophe bestehen? Darin, daß der gesamte Hochbau des Hausrats — welch ein Gedicht von einer Ladung — jäh zusammenbricht: der zweirädrige Karren, hinten auf ein „Nachtkastl" gestützt, verliert das Gleichgewicht, sowie Valentin zu ziehen beginnt. Nun wäre Ursache zur Trauer. Doch siehe da, Valentin springt über das Verhängnis hinweg: triumphierend ruft er aus, man würde ohne den Sturz des gestauten Hausrats „das Nachtkastl vergessen haben". Valentin vermag die Größe der Sekunde nur auszudrücken, indem er vom Münchnerischen (genauer: vom Bayrischen der Au) ins Hochdeutsche und ins Imperfekt umschlägt: „Wir hatten Glück."

Das Ganze würde noch einmal von vorn anfangen gleich einem Sonatensatz, da capo, wie die Musiker sagen — wenn nicht, rhythmisch stampfend, mit den Dimensionen eines Sauriers, der Kran angefahren käme, dem das Jammerhäusl, die Hütte zum Abbruch überliefert wird.

Es wäre das Ziel eines schönen Ehrgeizes, dies Opus ganz und gar zu beschreiben und mit ihm die Opera omnia eines Komikers, der gewiß zu den größten gehört, die je gewesen sind. Aber man kann es nicht. Alles liegt in der gesammelten Kraft des sichtbaren Augenblicks, der wenigen Worte, die gesagt, der vielen, die geschwiegen werden. Es läßt sich nichts berichten. Die Eindringlichkeit des vorübergehenden Augenblicks ist das Lebensgesetz dieser genau und ohne Rest entwickelten Szenen, deren schöpferischer Geist in die Geheimnisse der Poesie, in die Feinheiten des Unwägbaren, in die Schauer der Atmosphäre und schon des Metaphysischen hinüberweist — weit hinaus über die Drastik des Komischen, welche den Vordergrund erfüllt.

j. a.

Band von Deutschland« ausgetragen. In Valentins Szene konnte der Favorit des Rennens allerdings leider nicht starten, da den Reiter ein Furunkel am Hinterteil plagte. Umrahmt wurde das Ganze von einer Sommermodenschau für die Damen mit dem Titel *Auf dem Rennplatz Riem*, präsentiert von den Hiller-Girls, einer aus zehn bis zwölf Tänzerinnen bestehenden Berliner Tanzformation. Führende Münchner Firmen hatten diese mit ausgesuchten Kleidern, Hüten, Schuhen, zugehörigen Taschen und Handschuhen ausgestattet. Für die Herren tanzten zwischen Leuchtparkett und Wasserspielen Nixen den Frühlingsstimmenwalzer..

Die Revue *Triumph der Leistung, Schönheit, Humor* lief bis zum 15. September. Vom 1. Juli bis 8. August gaben Valentin/Karlstadt darin ihre Szene *Der Umzug*, vom 9. August bis 15. September die Szene *Im Photoatelier*. Danach war Liesl Karlstadt bis zum Jahresende krank. Valentin spielte im Trocadero Benz, und wieder einmal musste Beppo Benz Liesl Karlstadts Rollen übernehmen.

Liesl Karlstadts Gesundheitszustand war offenbar nach wie vor sehr fragil. Es drängt sich der Eindruck auf, dass es für sie besonders schwierig wurde, wenn sie über längere Zeit einzig und allein mit Karl Valentin arbeiten musste. Die Zeit von März bis Ende April im Gärtnerplatztheater schien sie relativ gut verkraftet zu haben, die Zeit von Mai bis Mitte September allein mit Valentin im Deutschen Theater und den sich anschließenden häufigen Spätvorstellungen im Benz waren hingegen offenbar zu viel.

Am 18. September 1938 schrieb Liesl Karlstadt an ihre Freundin Norma Lorenzer:

Meine liebe gute, ach so gute Norma – ich danke Dir recht herzlich für Deinen lieben Brief. Nun weiss ich doch, dass es Dir gut geht. Und nun bist Du längst in Sofia u. wirst sehr verwöhnt werden – was ich Dir von Herzen gönne. Ich habe am Donnerstag im Deutschen Theater zu spielen ~~angefangen~~ (entschuldige meinen Geisteszustand) aufgehört u. habe am Freitag noch bei Benz geprobt, musste aber einsehen, dass es einfach nicht geht und bin nun auf einige Zeit in das biologische Krankenhaus gegangen. Hier muss ich mich ein wenig ausruhen. Es geht mir so schlecht, dass ich nicht mehr zuhause sein konnte und wollte.

Ich will recht tapfer sein und hoffe ein wenig – Dich bei Deiner Rückkehr mit einem Lächeln empfangen zu können – Norma ich habe <u>viel</u> <u>viel</u> Sehnsucht nach Dir – ja jetzt merke ich es erst, wie lieb ich Dich habe.

Grüße an Deine Frau Schwester. H. Schwager, Brigitte und Du sei umarmt von Deiner getreuen Liesl Karlstadt.

Das Biologische Krankenhaus befand sich ab 1938 im Schloss Belle Maison des Fürsten Adolf von Schaumburg-Lippe in Höllriegelskreuth. Von dort aus begab Liesl Karlstadt sich dann wieder in die Psychiatrische Klinik München in die Nußbaumstraße. Hier schrieb sie am 8. Oktober an Norma Lorenzer:

Im biolog. Krankenhaus war es natürlich nichts für mich u. so bin ich übergesiedelt in die Nussbaumstrasse. (…) Ach liebste Norma, ich muss mich, so schwer es fällt, mit meinem so schlimmen Schicksal abfinden. Habe glücklicherweise einen netten Arzt, der mir versichert, dass ich noch ganz gesund werde – aber man will es halt nicht glauben.

Nach ihrer Entlassung aus der Psychiatrischen Klinik in München begab sie sich in das Städtische Krankenhaus in Bad Tölz, in dem nach wie vor Jakob Ostler als Krankenhauspfarrer tätig war. Ihre Postadresse war Ostlers Wohnhaus, Krankenhausstraße 33. Heute gibt es hier den Kurat-Ostler-Weg.

Karl Valentin schrieb Briefe nach Bad Tölz und besuchte sie dort, was Liesl Karlstadt jedoch nicht wollte.

Bin gut angekommen, und habe mir nur den Schnupfen geholt durch den ›Klimawechsel‹. Ich kann Dir sagen wie Du mir Leid getan hast, als ich Dich bei der Abfahrt so allein auf der Straße stehen lassen musste, ich hätte schreien können vor Erbarmen und ich wäre am liebsten noch mal umgekehrt und hätte Dich mitgenommen. Liebe Lisi es wird jetzt bald anders werden halte nur aus.

In einem weiteren Brief, wenige Tage später, schrieb er:

Liebe Lisi, gestern hat mir Amalie Deine Grüße übermittelt, und sie hat mir gesagt, dass es Dir soweit ganz gut geht!!
Es ist für mich furchtbar, dass ich Dich nicht antelefonieren kann, dann geh doch auf die Post und ruf mich an, und bestimme die Zeit wann es Dir am besten möglich ist, dann bleib ich um diese Zeit zuhause.
Sonst gibt es nichts Neues. Das Geschäft bei Benz ist miß – heute wollen wir etwas vom Vorstadttheater einprobieren, (mir grauts). Amalie hat mir gesagt ich sollte auf keinen Fall mehr nach Tölz fahren zu Dir, Du willst es nicht haben. Aber ich muss Dich vor Mittwoch wieder einmal sehen, wenn ich mit dem Auto um 11 Uhr wegfahre, dann bin ich um 12 ½ Uhr in Tölz. Eine Stunde Aufenthalt dann wieder heim und um

3 Uhr bin ich wieder daheim, und habe wenigstens meine Lisi wieder gesehen. Viele viele Grüße D.V.

Liesl Karlstadt schrieb am 21. November an Norma Lorenzer:

Tölz 21.XI.38
Meine liebe Norma!
Vor lauter Nichtstun komme ich nicht einmal zum schreiben. Aber glaube ja nicht, dass ich deshalb nicht an Dich denken würde. (…)
Mir selbst geht es ganz erdenklich – und ich hoffe, bald wieder nach München zu kommen, denn hier ist es doch ziemlich primitiv, weil man den ganzen Tag ziemlich auf das Zimmer angewiesen ist, mit Ausnahme einiger Mittagsstunden, in denen die Sonne scheint u. man spazieren gehen kann.
Diese Übergangzeit in meinem Gesundungsprozess ist natürlich um diese Jahreszeit etwas schwierig zu tragen, aber ich wundere mich selbst, dass ich mich so tapfer durch- schlage. Vielleicht komme ich Ende dieser Woche schon nachhause.

Tölz 29.XI.38
Meine liebe gute Norma –
(…) Gesundheitlich bin ich einen grossen Schritt weiter – aber leider halt noch nicht so, dass ich sagen könnte, es wäre hinter mir –. Ich kann dieses Leben nur als dahin vegetieren bezeichnen. Aber was soll ich Dir vorjammern? Oft denke ich daran wie es

Dir wohl gehen wird. Erspart bleibt keinem Menschen etwas. – Und so wie wir eben
vom Schicksal hinein gestellt werden, müssen wir weitergehen.

Am 26. November 1938 schrieb Karl Valentin an Liesl Karlstadt:

Liebe, liebe Lisi! Ich wäre gerne zu Dir gekommen, aber wenn es Dir doch eine Aufregung
bringt, will ich es lieber sein lassen. Ich habe schon 2 Sonntage Nachmittagsvorstellungen
bei Benz gespielt, weil mir die Sonntage zu langweilig sind, nun spielen wir schon
zum 5. x die Scheinwerfer, aber wir setzen dieselben ab heute wieder ab, weil es nix
is ohne Dir, ab morgen nehmen wir wieder die Kapelle. Benz will im März 1939
schließen, und Herr Mutter der Besitzer des Isaria und Odeonkino will ab 1. März das
Kolosseum übernehmen und will uns auch über den Sommer haben, er wird mit uns,
wenn Du wieder in München bist, verhandeln. Wir machen aber nur das, was Du für
gut befindest. Wenn Du Dich im Dezember noch nicht ganz gesund fühlst, machen wir
nur Schallplatten und den Film (2 Tage) für den Film bekommst Du 2000.– M also
bist Du im Dezember auf Benz nicht angewiesen. Außerdem Du willst und kannst im
Benz arbeiten Vorstadt Variete Musiker [sic].
Ich hasse das dumme Tölz, weil ich Dir nicht alle Tage telefonieren kann, mit Berlin
ist das zu machen nur mit Tölz nicht. Diesen Brief schreibe ich soeben nach der Nach-
mittag-Vorstellung zwischen 7 u. ½ 8 Uhr in der Küche von hier aus gehe ich damit
die Zeit vergeht wie immer allein ins Panorama in der Kaufingerstrasse von da aus
heim und dann wieder ins Benz. – Alle Nachmittage von 1 – 4 Uhr so lange die Sonne

Am 20. Dezember 1938 wurde Liesl Karlstadt in die Künstlergilde der Münchner Ärzteschaft aufgenommen. Der Text auf der Urkunde lautet: »Wir machen Musik und haben mehr vom Leben / ›Nero‹ Das nenn ich sexuelle Not = Tillmetz Bd. 81, Vers 573 / Masken – Masken in den Masken findest Du Dein ›Selbst!‹ 2. Jahrh. v. Chr / Bei Sonne, Regen und Wind, wir in jedem Fall ›Olympier‹ sind! / ›Tan-darei‹ Du bist auch dabei / Dr. Lorenzer, ›Direktor‹« Dazu findet sich in Liesl Karlstadts Bühnenalbum 3 die Pressenotiz: »Nachdem Dr. Gebhard das para-graphenlose Statut der Gilde bekanntgegeben, überreichte der Gildenmeister Dr. Lorenzer die von Maler Reißl gezeich-nete witzige Ehren-mitgliedschafts-Urkunde den anwesenden Ehrengästen Prof. Gul-bransson, Karl Valentin und Liesl Karlstadt.«

scheint bin ich beim Laubzusammenrechen im Alpinum Garten und so vergeht ein Tag um den anderen, bis meine liebe Lisi wieder kommt, und das ist diese Woche und dann ists wieder schön. Hoffentlich noch 25 Jahre. Viele herzliche Grüße Dein V.

Aus den Auftritten im Kolosseum und dem angekündigten Filmprojekt wurde nie etwas. Am 4. Dezember kehrte Liesl Karlstadt von Bad Tölz nach München zurück. Ab 15. Dezember stand sie wieder gemeinsam mit Valentin bei Benz auf der Bühne. Sie spielten *Vorstadt-Varieté*, eine Variation ihrer *Orchesterprobe*, und die Presse jubelte.

1939
...in München haben sie uns abgebrochen...

Das Jahr 1939 begann für Liesl Karlstadt beschaulich und endete fatal. Ihr Leben war danach komplett verändert. Manches war absehbar, anderes nicht. Der erste Auftritt des Jahres fand am 22. Januar an einem Sonntagnachmittag im Kabarett Benz für zweihundert Betreute des NS-Winterhilfswerks statt. Zu der Szene *Vorstadttheater* gab es Kaffee und Kuchen.

Der gesamte Februar 1939 stand für sie und Karl Valentin im Zeichen des künstlerischen Abschieds von München. Denn zum 1. März wurde das Trocadero Benz geschlossen. Damit verschwand eine der letzten traditionellen Volkssänger- und Varietébühnen der Stadt. Karl Valentin schrieb in seinem Text *Bei Benz*:

(...) also im Jahre 1902, trat ich zum ersten Male bei Benz auf und gleich nach dem Auftreten sofort wieder ab. Musste ich doch vor meinem Solo dem Besitzer Benz zuerst meine drei Vorträge vorsingen. (...) Es blieb also nur bei der Probe, aber ich war überglücklich, bei Benz wenigstens Probe gesungen zu haben, denn das war in der Münchner Artistenwelt schon ein Ereignis. Tatsächlich hatte das Haus Benz in ganz Deutschland einen Weltruf (alle ersten Kapazitäten wie Karl Maxstadt, Papa Geis und die ersten Berliner Varietéstars waren bei Benz engagiert).«

Erste Auftritte Valentins bei Benz folgten in den Jahren 1911 und 1914, dessen da-

Das Kabarett Benz in
der Leopoldstraße.
Der Seitenanbau wurde
im Frühjahr 1939 wegen
Straßenverbreiterung
abgerissen

Kabarett Benz,
Innenansicht

maliger Besitzer José Benz war. Nach dessen Tod leiteten seine Frau Mathilde
und sein Sohn Beppo die Bühne. Doch vor dem allgemeinen Niedergang der
Bühnenunterhaltung in München konnte sich auch das Haus Benz nicht schützen.
Die Konkurrenz von Film und Kino wurde ab Mitte der 1920er- und besonders
in den 1930er-Jahren zu übermächtig. Die Geschäfte der privaten Bühnenbetreiber
liefen immer schlechter, auch bei Benz in den Jahren 1937 und 1938.

In einem Brief beklagte sich Valentin 1938 gegenüber Liesl Karlstadt: »Das
Geschäft bei Benz ist mies.« Mit dem Ende des Benz verloren Karl Valentin und
Liesl Karlstadt den letzten Ort, der ihnen ein regelmäßiges Auftreten in München
ermöglichte. Als einziger Auftrittsort blieb nur noch das Deutsche Theater, wo
ihnen allerdings lediglich Engagements von ein bis zwei Monaten im Jahr möglich
waren. Ansonsten mussten sie sich andernorts Alternativen suchen. Hierzu schreibt
Karl Valentin in seinem Text *Karl Valentin und Liesl Karlstadt in Augsburg*, der im
Programmheft zum Auftritt von Valentin/Karlstadt im Apollo-Theater Augsburg
abgedruckt war:

> *Aber es schaut so aus, als wie wenn wir Münchner Volkssänger, von denen es eigentlich*
> *nicht mehr allzuviele gibt, überhaupt bald aus München auswandern müssten, denn*
> *eine Singspielhalle, ein Varieté, ein Cabarett nach dem andern schliesst in München*
> *seine Pforten für immer – 23 altbekannte Vergnügungsstätten in welchen Frl. Karl-*
> *stadt und ich seit 25 Jahren gastiert haben – wie: Varieté zur Lake, Holzstraße;*
> *Kolosseum, Kolosseumstraße; Blumensäle, Blumenstraße; Monachia beim Karlstor;*

Bambergerhof, Neuhauserstraße; Singspielhaus (Hotel Wagner), Apollotheater, Da-chauerstraße; Wien-München, Sonnenstraße; Kammerspiele, Augustenstraße; Union-theater, Barerstraße; Kollergarten, Schwanthalerstraße; Frankfurterhof, Schillerstraße; Künstlerring, Sendlingertorplatz; Germaniabrettl, Senefelderstraße; Annenhof, Liebigstraße; Centralsäle, beim Hofbräuhaus; Drei Löwen, Schillerstraße; Der Ba-derwirt, Dachauerstraße; Cherubin-Palast, Maximilianstraße; Boccaccio (Stadt Wien), Bayerstraße; Linden Casino, Sonnenstraße; Zur Hölle, Theresienstraße; Benz, Leopoldstraße – sind heute leider nicht mehr.

Wo einst der Humor verzapft wurde, läuft heute der Film – oder es entstand eine Tankstelle usw. Die 2 größten Varietés ausser dem Deutschen Theater stehen seit meh-reren Jahren verstaubt und verschollen da, nämlich das schöne Kolosseum und die Blumensäle. Und so sind wir eigentlich bald verpflichtet in die Ferne zu schweifen.– Die alten Münchner Volkssänger Alois Hönle – Karl Flemisch – Otto Wenninger – Max Lampl spielen schon seit über 10 Jahren in Nürnberg, weil sie in München keine Arbeitsstätte mehr gefunden haben. Und so ist es also mit der Münchner Gemütlichkeit nicht mehr so gestellt, wie man immer singt. Als das Varieté Kolosseum vor 3 Jahren für immer geschlossen wurde, flüchteten wir uns in das noch übrig gebliebene Kabarett Benz in Schwabing, wo wir 2 Jahre gastierten, aber auch hier war kein Bleiben, denn wegen Strassenverbreiterung wurde vor 14 Tagen das an der Straße liegende Büh-nengebäude abgebrochen. Das Cabarett wird in ein Café umgewandelt und wieder heißt es ,»wandern ach wandern« und nun sind wir in Augsburg.

Den gesamten Februar über lief im Benz in gewohnter Manier die Abschieds-vorstellung. Der erste Teil des Abends bestand aus einem gemischten Varietépro-gramm. Die Tänzerin My Dolson zeigte Spitzentanz im bayerischen Dirndl, die dunkelhäutige Olga Raschow bot »Tempramentsakrobatik«, Gisela Holzinger »mondäne Parodie« und Scott und Navy präsentierten »exzentrische« Akrobatik. Fritz Hampe beeindruckte durch trockenen Witz mit sparsamer Mimik, die Sän-gerin und Akkordeonistin Hilde Heyne überzeugte als Ansagerin und bildete mit Rudolf Dittmer ein »waterkantiges Matrosenpaar« und wie gewohnt spielte die Hauskapelle des Trocadero Benz. Im zweiten Teil des Abends gaben Karl Valentin und Liesl Karlstadt ihre Szene *Theaterbesuch*.

Auch der Fasching wurde bei Benz noch ausgiebig gefeiert. Außerdem heiratete Beppo Benz seine Frau Erna, und Liesl Karlstadt und Karl Valentin waren Trau-zeugen.

Daneben fanden für Liesl Karlstadt von Mitte bis Ende Februar in den Münchner Bavaria Filmstudios in Geiselgasteig die Dreharbeiten zum Spielfilm *Fasching* statt. Der Fasching 1939 fiel auf das Wochenende um den 19. Februar. Ziel des Regisseurs Hans Schweikart war es, ein authentisches Bild des Münchner Faschings zu zeichnen. Gedreht wurde hauptsächlich an Originalschauplätzen während der offiziellen Faschingsveranstaltungen, unter anderem im Deutschen Theater sowie auf dem Marienplatz inmitten des Faschingszugs. Diese stimmungsvollen Bilder wurden dann mit den im Studio gedrehten Spielszenen verbunden.

Die Geschichte des Films ist schnell erzählt: Martin und Lisa aus Norddeutschland lernen sich im Zug auf der Reise nach München kennen, verabreden sich am Marienplatz zum Faschingszug, verpassen einander, verlieren sich im Fasching, erleben Turbulenzen und finden sich am Ende doch als glückliches Paar wieder. Liesl Karlstadt spielte die Frau des Feuerwehrmanns Alois Buchner, dargestellt von Josef Eichheim, bei dem die Freundin des norddeutschen Mädchens Lisa zur Untermiete wohnt.

Liesl Karlstadt war absolut begeistert von den Dreharbeiten zu diesem Film und erzählte in einem Interview mit der Journalistin Gertrud Seyboth, das am 15. April in der *Augsburger National-Zeitung* erschien, es sei ein besonderes Erlebnis gewesen, unter der Regie von Hans Schweikart zu arbeiten. Sie sprach von ihrem schönsten beruflichen Erlebnis, bedauerlich sei nur gewesen, dass die Rolle nicht größer war, dann hätte sie mehr davon gehabt, mehr von der Regiekunst Schweikarts und auch mehr Gage.

Photo: Bavaria-Filmkunst.

Liesl Karlstadt

als Hausmeisterin in „Fasching"

Der Film *Fasching* hatte am 14. September 1939 im Luitpold Kino in München Premiere. Zuvor war er als ein deutscher Beitrag auf der Biennale in Venedig gezeigt worden. Liesl Karlstadt konnte an dieser Premiere jedoch nicht mehr teilnehmen. Zu diesem Zeitpunkt lag sie bereits schwer krank im Augsburger Krankenhaus.

Nachdem das Kabarett Benz geschlossen worden war, gab es für Liesl Karlstadt und Karl Valentin im März 1939 viel Freizeit von der Bühne. Man traf sich lediglich zu Schallplattenaufnahmen. Am 7. März wurden die Dialoge *Der Trompeter von Säckingen*, *Am Fußballplatz* und *Verkehrsordnung* aufgenommen. Anschließend ging Liesl Karlstadt erstmals in ihre neue Wohnung, denn ab diesem 7. März wohnte sie in der Maximilianstraße 24/ III links. Die Wohnung in der Herzog-Rudolf-Straße 51/II hatte man ihr gekündigt, weil das Haus abgerissen werden sollte. In ihrem privaten Fotoalbum präsentiert sie stolz ihr neues Heim. Weitere Schallplattenaufnahmen folgten am 24. März mit den Dialogen *Geistreiche Verse*, *Bum Bum Bum* und dem Lied *Die vier Jahreszeiten*.

Die Zeit von Ende März bis Anfang April nutzte Liesl Karlstadt zur Pflege ihrer privaten Kontakte. Sie verbrachte einige Tage bei Bekannten in Füssen und machte mit ihrer Freundin Norma Lorenzer eine Reise nach Venedig. Die schweren Tage ihres Lebens mit den vielen depressiven Stunden schienen vorüber zu sein. Lediglich ihre chronischen Magenschmerzen trübten etwas die Stimmung. Doch Liesl Karlstadts Blick war jetzt nach vorne gerichtet. Sie gab sich, ob all dieser Veränderungen, kämpferisch.

Ab dem 16. April stand dann das Gastspiel im Augsburger Apollo-Theater an.

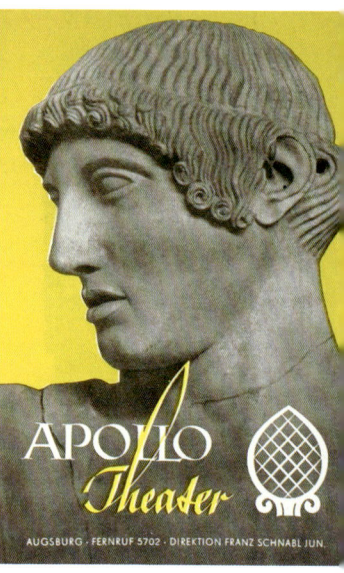

Liesl Karlstadt in Füssen. Am 26. März 1939 schrieb sie von dort an ihre Freundin Norma: »Meine lb. Norma – schön ist es hier – aber der Magen – oh weh – !«

Liesl Karlstadt mit Norma Lorenzer in Venedig

Programmheft Apollo-Theater Augsburg

Im Vorfeld dieses Engagements veröffentlichte Gertrud Seyboth am 15. April ein Interview mit Liesl Karlstadt in der *Augsburger National-Zeitung*:

Liesl Karlstadt erzählte von der ›Weltreise‹ nach Augsburg und den schwerwiegenden Umständen, die sie veranlassten. ›Schreiben Sie, sagte sie, es war ein großer Kampf, weil Augsburg für Herrn Valentin eine Weltreise bedeutet. Aber in München haben sie uns abgebrochen, jawohl, abgebrochen‹, diktierte sie unerbittlich, als ich erstaunt aufsehe. ›Erstens‹, fährt sie fort, haben sie mir die Wohnung gekündigt wegen Abbruchs, zweitens wird das Benz abgebrochen und später soll ein Kaffeehaus daraus werden, drittens wird das Deutsche Theater, wo wir einen fünfmonatigen Vertrag haben, gerade umgebaut, und viertens wird für das ›Kolosseum‹ keine Konzession mehr erteilt. Jetzt sind wir also arbeitslos in München. Da habe ich an das Staatstheater geschrieben, ob sie mich nicht anstellen wollen als Abortfrau, aber das war auch nichts. Einer hat gemeint, ich solls am Stachus versuchen, aber ich habe gesagt, nein, hab ich gesagt, ich will ans Staatstheater, ich habe Künstlerblut in mir. Ja da sind wir dann nach Augsburg gegangen. Es war sehr schwierig, weil er (das ist natürlich Valentin) nicht mag, aber ich hab fast heimlich abgeschlossen und da hat er dann doch die Mühen einer Weltreise auf sich genommen und ist zu den Augsburgern gefahren.‹ Sie machte eine Pause und sagte dann mit Nachdruck: ›Schreiben S': wo es ihnen gut gefällt.‹
Daneben erzählte sie, dass sie für Augsburg selber gar keine Zeit hätte, denn sie müsste jeden Tag nach München ins Volkstheater fahren zur Probe für das Wiener Theaterstück Glück im Spiel, in dem sie eine Rolle als ›Frau Neubauer‹ hätte, die ihr

auf den Leib geschrieben worden sei. Daneben erzählte sie auch noch von ihrer Reise nach Venedig: Die ›arbeitslose‹ Zeit der letzten Wochen hat sie zu einem Flug nach Venedig ausgenützt. ›Wissen S'‹, sagt sie und zwickt mich in den Mantelärmel, ›wenn i mir a Gwand kaufen muss, an Mantel oder an Hut, dees is mir was furchtbars, oder ein Modejournal wenn's mir geben, da kann i nix damit anfangen, dagegen so eine Zeitschrift mit Motoren drin, Flugzeugen oder Autos, verstengan S', dees mag i, da hab i a Freud dran.‹ Ja, und da erzählt sie denn, wie sie sich, etwas schüchtern am Anfang noch während des Alpenflugs, neben den italienischen Piloten stellen durfte, wie sie sogar ein Schemmerl bekam, damit sie auch gescheit hinaussähe, und wie sie da ihr geliebtes Gebirge einmal aus einer ganz neuen Schau erlebte.

Zum Abschied erzählt sie uns noch ein besonders verheißungsvolles Erlebnis aus Venedig. Da haben es ihr besonders die stattlichen Carabinieri angetan und ihre italienischen Freunde kennen die Schwäche der ›Bim‹, wie sie bei all ihren Bekannten heißt, und erzählten ihr, dass es in Italien Glück bedeute, wenn man zwischen zwei Carabinieri – sie treten immer zu zweit auf – durchgehen könne. Die Carabinieri wissen das und rücken immer eng zusammen, wenn sie bei irgendjemand eine solche Neigung vermuten. Unsere ›Bim‹ hatte aber Glück. An einem Obststand gelang es ihr, sich ganz gemütlich zwischen zwei Carabinieri zu stellen, die sich so eifrig unterhielten, dass sie das fremde Element gar nicht bemerkten, und bis sie mit ihrer gewohnten Bewegung zusammenrücken wollten, war es zu spät und Liesl Karlstadt unterhielt sich, brettlbreit zwischen den Carabinieri, in deutscher Sprache mit einem Zeitungshändler. ›O, Bim, fünf Minuten bist du dagestanden, das bedeutet großes Glück …‹, wunderten sich die Italiener.«

Diese Glücksprophezeiung sollte sich für Liesl Karlstadt im Jahr 1939 jedoch nicht bewahrheiten. Im Gegenteil.

Für Liesl Karlstadt dürfte der Auftritt in Augsburg auch aus finanziellen Gründen wichtig gewesen sein. Den gesamten Herbst 1938 war sie krank gewesen und hatte kein Einkommen gehabt. Lediglich im Februar 1939 hatte sie etwas im Trocadero Benz verdient. Ob ihre Einkünfte seit Beginn des Jahres 1937 insgesamt üppig waren, darf aufgrund der vielen Krankheitszeiten bezweifelt werden. Lediglich ihre Auftritte im Gärtnerplatztheater, im Volkstheater und die wenigen Drehtage für Filmproduktionen dürften gut bezahlt gewesen sein. Insofern ist verständlich, dass sie Valentin nötigte, diese »Weltreise« nach Augsburg anzutreten. Außerdem wollte sie trotz aller Schwierigkeiten die Fortsetzung des Projekts Valentin/Karlstadt.

Der Auftritt im Apollo-Theater Augsburg verlief nach dem bewährten Muster wie auch schon zuvor bei Benz. Im ersten Teil wurde ein klassisches Varietéprogramm geboten. Es traten auf: Truxa, der Zauberkünstler auf dem Drahtseil; die Ballett-Revue Carise; Carmencita, das achtjährige Wunderkind mit Parodien von Maurice Chevalier bis Zarah Leander; Carl Carstens, der lustige Plauderer; Alfredo und Voltaire, die komischen Akrobaten; Annette und Taganoff, das Tanzpaar der Sonderklasse; Jimmy und Charly, die weltberühmten Exzentriker und die 2 Heiwe, eine einzigartige Luftsensation. Danach war Pause. Der zweite Teil begann mit komischen Lichtbildern von Karl Valentin, und anschließend spielten Valentin/Karlstadt ihre Szene *Vorstadttheater*.

In der *Augsburger Zeitung* ist danach zu lesen: »Das Publikum, das schon an den neuen Lichtbildern Karl Valentins gehörigen Spaß hat, geht herrlich mit und kommt zum Schluß nicht mehr aus dem Lachen.«

Parallel zum Auftritt im Augsburger Apollo lief in den Augsburger Kammerlichtspielen der Film *Kirschen in Nachbars Garten*. Am Vorabend von Hitlers Geburtstag am 20. April 1939 lud der Augsburger NSDAP Oberbürgermeister Mayer 3500 Bedürftige zu einem Bunten Abend mit Bewirtung in verschiedene Säle der Stadt ein. Auch ins Apollo-Theater wurde eingeladen, wo man das aktuelle Programm mit Karl Valentin und Liesl Karlstadt sehen konnte.

Vom 16. bis 22. April stand Liesl Karlstadt mit Karl Valentin in Augsburg auf der Bühne, dann konnte sie nicht mehr. Sie hatte sich eine schwere Angina zugezogen und musste das Gastspiel abbrechen. Am 23. April ging sie in Augsburg ins Krankenhaus.

Wie Liesl Karlstadt im Zeitungsinterview andeutet, war das Zustandekommen dieses Augsburger Gastspiels im Vorfeld sehr schwierig, da Valentin nicht wollte. Außerdem hatte er zu diesem Zeitpunkt angeblich bereits ein Liebesverhältnis mit der damals 21-jährigen Annemarie Fischer, die ihn sehr anhimmelte.

Nach Liesl Karlstadts Ausfall spielte Valentin laut Auftrittsverzeichnis die letzten acht Tage des Gastspiels mit Beppo Benz in der Rolle des Kapellmeisters weiter.

Über Annemarie Fischer schreibt Theo Riegler in seiner Liesl-Karlstadt-Biografie von 1961: »Schon in Augsburg war sie für Liesl Karlstadt eingesprungen.« Annemarie Fischer behauptete, von Valentin angerufen worden zu sein, mit der Bitte, sie möge schnell nach Augsburg kommen, um für die kranke Liesl Karlstadt einzuspringen. In ihrem Buch *Mein Leben mit Karl Valentin* von 1982 behauptete sie auch, in der Rolle des Kapellmeisters aufgetreten zu sein. Ein Foto darin zeigt

Meiner feschen Soubrette Annemarie Fischer — gewidmet — K. Valentin 1939.

Bildunterschrift:
Meiner feschen
Soubrette Annemarie
Fischer, gastiert bei
K. Valentin 1939

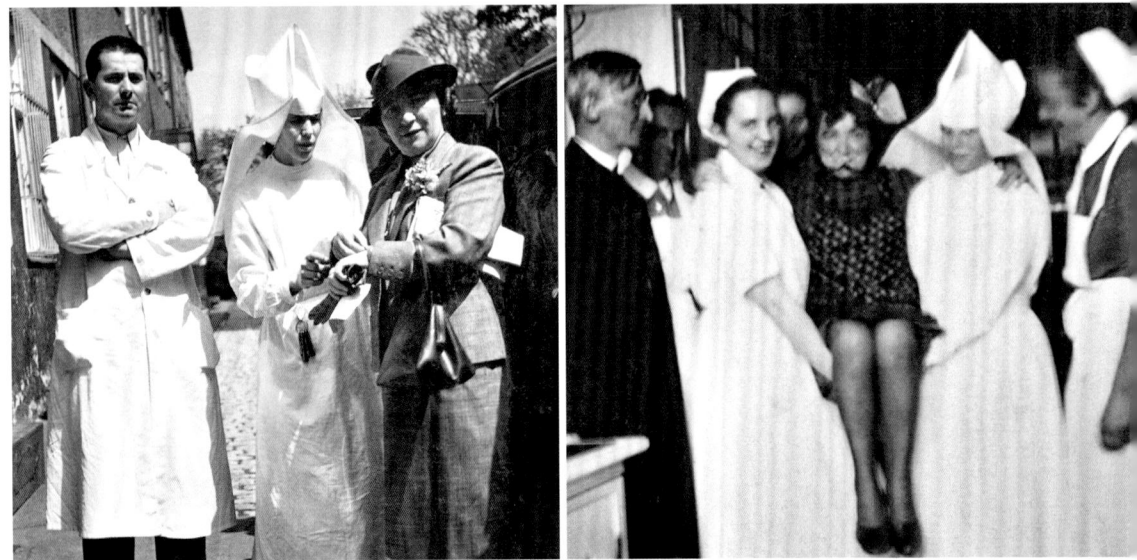

Karl Valentin als Musiker, Annemarie Fischer als Soubrette und Liesl Karlstadt als Kapellmeister. In der Bildunterschrift ist zu lesen: »Meiner feschen Soubrette Annemarie Fischer, gastiert bei K. Valentin 1939, Augsburg.« Das würde bedeuten, dass Annemarie Fischer in Augsburg im *Vorstadttheater* bereits neben dem »Kapellmeister Liesl Karlstadt« als Soubrette aufgetreten ist. Annemarie Fischer schreibt dazu, sie sei 14 Tage in Augsburg aufgetreten, was der Gesamtdauer des Gastspiels entspräche, das vom 16. bis 30. April dauerte. Die Zeitspanne, in der Liesl Karlstadt ersetzt werden musste, betrug acht Tage. Am Wahrheitsgehalt der Aussagen von Annemarie Fischer sind somit zumindest Zweifel angebracht. In ihrem Erinnerungsbuch schildert sie die Ereignisse in Augsburg so:

> *Die Liesl hatte wiederum einen ihrer berühmten Anfälle. Das waren keine Krankheits-, das waren Eifersuchtsanfälle. Damit versuchte sie Karl zu erpressen. (…) Als Liesl aber mitbekam, daß er sein Interesse mir zugewandt hatte, einem ganz jungen Ding, das ebenfalls Künstlerin war, da kam es zu unangenehmen Szenen. Liesl pflegte sich in vorgetäuschte Krankheiten zu retten, aber das nutzte wenig. Unter dem Vorwand, eine schwere Angina zu haben, ließ sie sich ins Krankenhaus bringen und genoß es, als prominente Patientin hoch angesehen zu sein. (…) Aber nicht nur Eifersucht brachte Liesl Karlstadt von Zeit zu Zeit zu hysterischen Anfällen, sondern auch ein krankhaftes Geltungsbedürfnis trieb sie zu unbesonnenen Handlung, die manchmal sogar in Selbstmordversuchen gipfelten. (…) Vierzehn Tage lang hielt es Liesl Karlstadt im Krankenhaus aus. Ihr ›Zustand‹ hatte sich rapide verschlechtert in dem Augenblick,*

da sie von meinem Erfolg hörte. Es muss ein harter Schlag für sie gewesen sein, als sie erkannte, dass die Frau, der Karl Valentin sein Herz geschenkt hatte, ihr jetzt auch den Platz als seine Partnerin streitig zu machen drohte.

Karl Valentin sah die Sache allerdings deutlich anders. Er schrieb der kranken Liesl Karlstadt sogar ein Couplet mit den Zeilen:

Dort liegt's auf der Pritschn,
die fidele Gritschn,
dort muss sie nun husten, gurgeln und speib'n
und brav schön im Betterl drin bleiben.
Im Apollo hats ihr den Hals verdreht – jo
drum hats jetzt richtig Angina-Halsweh.
Da liegts zwischen Büchern, Briefen und Rollen,
zwischen Gurgelwasser, Salben und Butterstollen,
und kann sich vor lauter Sorgen nicht erholen.
Am liebsten möcht sie schon morgen wieder raus,
dös kranke Hascherl, die lustige Maus.
Sie möcht naus auf die Bühne, die Bretter der Welt,
dös ist ja net möglich, dass man's so schnell wieder herstellt.

Liesl Karlstadt war tatsächlich schwer krank, sie litt an einer schweren Mandelentzündung mit weitreichenden Folgen. Ab dem 23. April 1939 lag sie im Augsburger Krankenhaus, hatte jedoch nicht viel Zeit zur Genesung, denn schon ab dem 16. Mai musste sie im Münchner Volkstheater im Stück *Glück im Spiel, Glück in der Liebe* die Hauptrolle spielen. Und hierfür musste sie ja auch noch vorher proben. An ein Auskurieren der Angina war nicht zu denken.

Am 13. Mai machte sie zudem noch Schallplattenaufnahmen mit Karl Valentin für die Telefunken-Platten GmbH. Aufgenommen wurden die Dialoge *Beim Arzt, In der Apotheke, Vor Gericht, Am Fußballplatz, Der Trompeter von Säckingen, Die Brille, Der Hasenbraten, Der neue Buchhalter Maier, Das Lied vom Sonntag* sowie das Lied *Die vier Jahreszeiten.* Die Dialoge hatten sie bereits in den Jahren vorher für die Reichsrundfunkgesellschaft aufgenommen.

Am 16. Mai 1939 fand dann im Münchner Volkstheater die Uraufführung des Theaterstücks *Glück im Spiel, Glück in der Liebe* statt, eine Wiener Komödie, die ins

Liesl Karlstadt in *Glück im Spiel, Glück in der Liebe* im Münchner Volkstheater 1939

Münchner Milieu verpflanzt wurde. Das *8-Uhr Blatt* schrieb am Mittwoch den 17. Mai 1939 über die Uraufführung:

> *Liesl Karlstadt hat sich selbständig gemacht: sie geht ohne ihren Partner Karl Valentin auf die Reise und stiftet als resolute Wiener Mutter Neubauer die glückliche Ehe ihrer Tochter Mizzi (Aimée Stadler) (…) eine Bombenrolle für die Karlstadt und ein Bombenerfolg.*

Und das *Münchner Abendblatt* ergänzte am selben Tag: »Die Aufführung wurde zum Ereignis des Münchner Theaterlebens durch Liesl Karlstadt (…) Ihr Erfolg war zugleich der Erfolg des Stücks.«

Am 31. Mai war ihr Gastspiel im Münchner Volkstheater zu Ende. Es muss ein enormer Kraftakt für sie gewesen sein, dies durchzustehen. Denn eigentlich war Liesl Karlstadt krank. Aber ein vorzeitiger Abbruch kam für sie trotz aller Schmerzen nicht infrage. Anders als bei ihren seelischen Qualen zuvor, hielt sie durch, begab sich anschließend aber sofort wieder ins Augsburger Krankenhaus. Vom 1. Juni bis 18. September 1939 war sie nun ans Bett gefesselt. Sie war schwer krank, und es begannen Monate des Leidens für sie. Alle Illusionen eines möglichen Glücks, wie noch in den schönen Tagen in Venedig prophezeit, waren restlos verflogen. Im Gegenteil, ihre komplette Existenz als Bühnenkünstlerin, ja sogar ihr Leben stand jetzt auf dem Spiel. Am 1. August 1939 schrieb sie an ihre Freundin Norma Lorenzer:

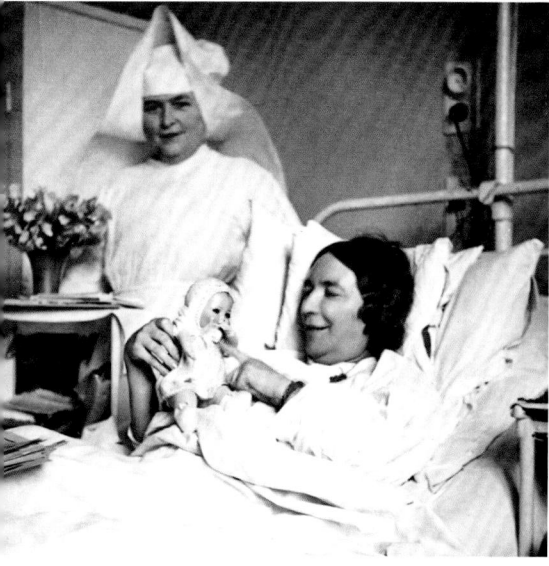

Meine liebe Norma – hab Dank für Deinen lieben Brief mit guten Wünschen. Ja es geht besser – ganz langsam – aber ich liege immer noch im Bett, ohne mich rühren zu können, vor 14 Tagen trat wieder eine Verschlechterung ein, meine Entzündung der beiden grossen Wunden, neue Schmerzen u. neues tamponieren. Jetzt ist es wieder ein klein wenig besser. Es wird aber leider noch sehr lang dauern.
Pläne machen habe ich vollkommen aufgehört u. bete nur immer wieder um Geduld, viel Geduld. Deutsches Theater September musste ich auch absagen!!!

Liesl Karlstadt 1939 im Augsburger Krankenhaus und 1943 auf der Ehrwalder Alm. Die große Narbe am Oberschenkel zeugt von der Schwere der Sepsis und einem langen Leidensweg.

Dazu legte sie ein Bild bei mit der Bemerkung: »Die Schwester – ich – u. die Puppe, die mir die Schwester geschenkt hat.« Wie es zu diesen schweren Wunden kam, erklärt sich aus einem Zeitungsartikel mit der Überschrift »Im Ernst ko i net schimpf'n, höchstens woana!« im *Münchner Abendblatt* vom 11. Januar 1941 zu Liesl Karlstadts Auftritt in Adolf Gondrells *Münchner G'schicht'n* ab Ende Dezember 1940 in der Bonboniere:

Bei einem Gastspiel in einem Augsburger Varieté holte sich Lisl Karlstadt eine Angina, aus der sich eine lebensgefährliche Sepsis entwickelte, die nur mit einer schweren Operation gebannt werden konnte. Trotz der aufopfernden Behandlung durch Prof. Hecker schien das rechte Bein nicht mehr zu retten sein, weil die Blutvergiftung zu weit fortgeschritten war. Um nichts unversucht zu lassen, rief man den bekannten Münchner Chirurgen Prof. Magnus zu Hilfe. ›Siehst Lisl‹, sagte er, ›weils d' uns untreu geworden bist, muß ich dir nachfahrn!‹ – ›Gehn S' weg!‹, bat Lisl. ›Lieber sterben

Valentin kam
wöchentlich
zu Besuch

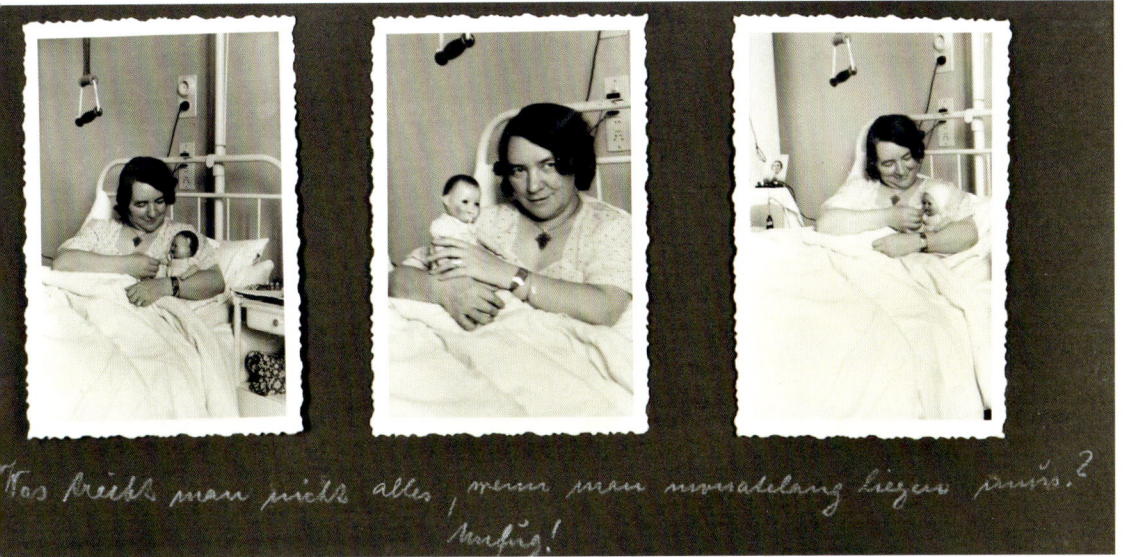

Was treibt man nicht alles, wenn man monatelang liegen muss? Unfug!

als wieder schneiden! Sie ham a Messer in der Taschen!‹ Prof. Magnus lächelte und öffnete seine Jacke: ›Nein! Sackl mich aus, wenn du's net glaubst!‹ – Da senkte sich schon die Narkose über Lisls Sinne und, als sie erwachte, war das Bein gerettet … und das Leben! Als Lisl Karlstadt zum ersten Mal wieder auftrat, flog Prof. Strieck, der die Anfangsbehandlung der Anginasepsis übernommen hatte, mit der weißen Lazarett-Ju von Paris nach München, um Lisl Karlstadt zu beglückwünschen.

Die folgenden Wochen verbrachte Liesl Karlstadt in Augsburg im Krankenhaus und ab dem 19. September bis zum Ende des Jahres im Erholungsheim in Pfronten-Ried. Insgesamt spricht sie im oben erwähnten Zeitungsartikel von einem 17-monatigen Krankenlager. Auf einem Foto, aufgenommen 1943 auf der Ehrwalder Alm, sieht man eine extrem große Narbe am Oberschenkel, die von einer dieser Wunden herrührt.

Die Ereignisse in Augsburg lassen auch die Bewertung des Verhältnisses zwischen Karl Valentin und Liesl Karlstadt in den Jahren 1939 bis 1941 in einem völlig neuen Licht erscheinen. Die Behauptung, es hätte Zerwürfnisse gegeben, sie hätten sich künstlerisch getrennt und Valentin hätte Liesl Karlstadt ausgebootet und durch die junge Annemarie Fischer ersetzt, kann so nicht aufrechterhalten werden. Vielmehr hat es den Anschein, dass weder Karl Valentin noch Liesl Karlstadt die Absicht hatten, ihre gemeinsame Arbeit grundsätzlich zu beenden. Lediglich neue Engagements zu bekommen, gestaltete sich schwierig. Freilich hat Liesl Karlstadt in den vorangegangenen Jahren ihren Bühnenpartner Valentin phasenweise nur noch schwer ertragen können und in den Zeiten ihrer tiefen Depressionen davon ge-

sprochen, sich von ihm trennen zu wollen, doch ernsthaft in Erwägung gezogen hatte
sie dies offenbar nie. Freilich genoss Liesl Karlstadt die Gelegenheiten, in denen sie
nicht nur auf die Rolle, Partnerin des großen Karl Valentin zu sein, reduziert war,
sondern eigenständig als Liesl Karlstadt Film- und Theaterangebote bekam. Die
Arbeit mit Valentin verstand sie jedoch weiterhin als ihr wichtigstes Standbein und
ihre wichtigste Einnahmequelle.

Im Jahr 1939 hatte sich die berufliche Beziehung zwischen Karl Valentin und Liesl
Karlstadt grundlegend verändert. Mit der Schließung des Trocadero Benz gab es für
sie in München keine Möglichkeit mehr regelmäßig aufzutreten. Es blieben nur
noch vereinzelte Gastspiele zum Beispiel im Deutschen Theater. Doch das ernährte
keinen von beiden. Es blieb ihnen also nur die Möglichkeit, über Land zu tingeln,
was Valentin nicht wollte. Das Duo Valentin/Karlstadt war praktisch kaltgestellt,
wobei die beiden in dieser Situation höchst unterschiedliche Ausgangspositionen
hatten. Valentin hatte ein Leben lang nur sich und seine Ideenwelt gespielt, und
Liesl Karlstadt war dabei in die unterschiedlichsten Rollen geschlüpft, was sie
perfekt beherrschte. Zudem war Valentin als »normaler« Schauspieler in einem
»normalen« Theater nur schwer einsetzbar, und vermutlich wollte er das auch gar
nicht, Liesl Karlstadt hingegen war für »normale« volkstümliche Theaterrollen
die perfekte Besetzung, denn sie war anpassungsfähig, spielte mit einem enormen
Einfühlungsvermögen und war überdies populär. Liesl Karlstadt bekam Angebote
– wie eben die Hauptrolle in *Glück im Spiel, Glück in der Liebe* im München Volkstheater –, die sie dankend annahm, nicht zuletzt, weil sie Geld verdienen musste.

Privat blieben sich die beiden verbunden. Nachdem Liesl Karlstadt am 1. Juni 1939 wieder im Augsburger Krankenhaus war, schrieb ihr Valentin bereits am 3. Juni: »L. Lisi. Ein Bild aus schönerer Zeit als dieselbe jetzt ist. Mit vielen Grüßen D.P. Valentin«. Und Liesl Karlstadt schrieb unter eine Aufnahme in ihrem privaten Fotoalbum aus dem Augsburger Krankenhaus: »Valentin kommt wöchentlich zu Besuch.«

Beruflich jedoch musste sich Karl Valentin – ohne absehbare Engagements und ohne gewohnte Partnerin – etwas völlig Neues einfallen lassen. Zunächst waren aber noch zwei zugesagte Auftritte zu absolvieren. Am 3. Juni 1939 trat Valentin mit Beppo Benz als Kapellmeister nachmittags im Künstlerhaus am Lenbachplatz auf und am Abend im Vereinshaus Luisenstraße. Ab 11. Juni stand er, wie bereits im Februar 1938 im Varietéprogramm *Der goldene Pierrot*, in Fritz Fischers Inszenierung *Glückliche Reise* mit seiner Szene *Radfahrer und Verkehrsschutzmann* auf der Bühne. Dann tat er das Naheliegende: Da es in München kein Theater mehr gab, in dem er regelmäßig hätte spielen können, blieb ihm nichts anderes übrig, als sich sein eigenes zu schaffen. So eröffnete er am 17. Juli 1939 im Gebäude Färbergraben 33, in dem schon seit 1937 sein Panoptikum untergebracht war, seine eigene Bühne, die Ritterspelunke. Dafür brauchte er neues Personal sowie ein neues Repertoire.

Seine Partnerin Liesl Karlstadt stand auf Monate nicht zur Verfügung, sondern lag im Krankenhaus im Bett und konnte nicht einmal mehr ohne fremde Hilfe gehen. Gleichzeitig hatte Valentin während der früheren langen Krankheitsphasen von Liesl Karlstadt die Überzeugung gewonnen, dass seine »klassischen« Valentin-Stücke mit einem anderen Partner als ihr nicht funktionierten. Also musste er sich jetzt etwas völlig anderes einfallen lassen. Anfangs orientierte er sich noch an Programmfolgen, die sich schon 1915 im Kabarett Wien-München bewährt hatten und abwechselnd Musik, Varieténummern, Gesangsdarbietungen und dergleichen boten. Auf diese Weise bestritt er das Programm seiner Ritterspelunke von Juli bis Oktober. Parallel entwickelte er den »Ritter Unkenstein«, den er vom 4. November 1939 bis zur Schließung der Ritterspelunke am 5. Juni 1940 in mehreren Varianten aufführte. Dazu brauchte er ein Burgfräulein, für das er Annemarie Fischer engagierte. Neben ihr spielte Otto Zagler. Die Behauptung, Karl Valentin hätte Liesl Karlstadt ausgebootet und einfach durch Annemarie Fischer ersetzt, erweist sich in diesem Kontext gesehen als haltlos.

Vom 31. Dezember 1939 bis 31. März 1940 wirkte Valentin zudem in der Operette *Die Fledermaus* in der Rolle des Zellenschließers Frosch am Münchner Gärtnerplatztheater mit. Dies war sein einziges Engagement als »normaler« Schauspieler in einem »normalen« Theater, wobei der Frosch in *Die Fledermaus* eine sehr eigenständige und herausgehobene Rolle ist, die Valentin ganz und gar auf sich zuschnitt.

Am 5. Juni 1940 schloss Valentin seine Ritterspelunke. Sobald Liesl Karlstadt wieder halbwegs einsatzfähig war, spielten die beiden wieder zusammen. Im August 1940 waren sie mit dem *Vorstadttheater* und im November 1940 mit dem *Theaterbesuch* am Deutschen Theater engagiert. Danach zog sich Karl Valentin, abgesehen von einem Kurzauftritt für das Winterhilfswerk 1941 im Zirkus Krone, bis Ende 1947 von der Bühne zurück. In dieser Zeit schrieb er viele Texte und plante Filmprojekte, die jedoch alle nie realisiert wurden. Auftritte mit Annemarie Fischer gab es keine mehr.

Die Ereignisse des Jahres 1939 – ihre vorübergehende völlige Bewegungsunfähigkeit – ließen Liesl Karlstadt anders auf ihr Leben blicken. In den Jahren zuvor waren es hauptsächlich psychische Probleme, die sie immer wieder zurückgeworfen und ihr die Ausübung ihres Berufes unmöglich gemacht hatten. Sie traten oft dann auf, wenn sie über längere Zeit einzig mit Karl Valentin arbeitete, ohne Aussicht, dieser Situation durch andere Engagements entfliehen zu können. Dann fühlte sie sich unfähig, ihr Leben zu meistern, machte sich klein, hielt sich für einen schlechten Menschen und fühlte sich schuldig.

Diesmal war es anders. Diese Krankheit war ein Schicksalsschlag, der über sie hereingebrochen war. Dieses jetzige Leiden war ein primär körperliches, wenn auch die Umstände und der Verlauf der Krankheit psychisch sehr belastend gewesen sein dürften – zum Verzweifeln. Ihre psychischen Probleme waren damit sicherlich nicht aus der Welt, denn Anflüge von Depressionen sollten Liesl Karlstadt ihr gesamtes weiteres Leben begleiten. Jetzt hatte sie wieder ein klares Lebensziel: Sie musste im wahrsten Sinne des Wortes wieder auf die Beine kommen. Das sollte allerdings Monate dauern. Davon erholen wird sie sich erst in den Jahren 1941 bis 1943 in ihrer Zeit auf der Ehrwalder Alm.

Doch noch lag Liesl Karlstadt schwer krank im Städtischen Krankenhaus Augsburg, vom 1. Juni bis 18. September 1939. Am 1. September war der Zweite Weltkrieg ausgebrochen. An Norma Lorenzer schrieb sie:

Städtisches Krankenhaus Augsburg
Augsburg den 13.9.39
Meine liebe Norma – ich danke Dir herzlichst für Deinen so lieben Brief, der mich noch in Friedenszeit erreichte. Jetzt ist Krieg – u. ich liege immer noch da. D.h. ich habe vor,

bald hier fortzugehen. Heute schrieb ich an das Erholungsheim Pfronten, das mir hier stark empfohlen wurde. Dort ist ein Arzt u. sind Schwestern. Meine ersten kläglichen Gehversuche mache ich schon, zuerst mit Fahrwagen und jetzt mit 2 Stöcken. Die Wunden sind, wenn auch schon ziemlich, aber immer noch nicht ganz zu. Aussehen tun die Narben schrecklich, aber man wird so apathisch, dass einem schon bald alles wurscht ist. Nachhause kann ich noch nicht, u. in München nochmal in eine Klinik will ich jetzt auch nicht mehr. Ausserdem ists ja wirklich egal, wo man die Verdunkelung mitmacht, sie ist überall gleich dunkel. 2 Tage hatte ich vorg. Woche Durchfall bei 40 Fieber – jetzt ist das auch wieder vorbei.

Am 19. September verließ Liesl Karlstadt Augsburg und begab sich ins Erholungsheim St. Vinzenz in Ried bei Pfronten. Ihre Briefe an Norma Lorenzer sind die einzigen Quellen aus dieser Zeit, Zeugnisse eines langen Leidensweges.

Pfronten 19.9.1939
Meine liebe Norma – Wir sind heute nach einer 2 ¼ stündigen schönen Fahrt mit dem Sanitätsprivatwagen gut u. ohne besondere Anstrengung hier angekommen. Meine Schwester überraschte mich mit der Mitteilung, dass sie u. ein Bekannter bereits unsere ganze Wohnung verdunkelt haben.

Pfronten 7.10.39
Meine liebe Norma – sage Dir herzlichen Dank für Deine beiden lb. Briefe. Ja, danke Dir – hab wieder Angina mit Mandelabszess, nun ist es schon geöffnet worden. Geht etwas besser, bin aber noch sehr matt. Ich glaube, dass ich jetzt bald die Geduld verliere. Immer u. immer kommt wieder was anderes. Meine Schwester hat ihren Urlaub verlängern lassen u. bleibt vorläufig noch bei mir.
Warst Du schon im Fasching-Film?

Pfronten 2.11.39
Meine liebe Norma –
(…) Meine Schwester darf Gott sei Dank noch eine Weile bei mir bleiben, muss sie aber heim – dann fahr ich mit, denn alleine täts mir nicht mehr so gefallen.
Jetzt konnte ich mich doch wieder nicht bewegen mit Rücksicht auf die schmerzenden Knie – nun ist in diesem Punkte eine kleine Besserung eingetreten, u. schon macht die Narbe wieder Geschichten.

Sie war schon zu (endlich nach so langer Zeit) und nun ist sie wieder auf u. nässt, so dass mir das Sitzen wieder grosse Beschwerden macht. Leider werde ich bei all dieser Herrlichkeit immer dicker, ich kann in kein Kleid hinein.

Seit einigen Tagen haben wir herrlichen Sonnenschein, ein kleiner Trost in diesen trüben Wochen.

Pfronten 18.11.39
Meine liebe gute Norma.

(…) Bei schönem Wetter machen wir ja jetzt schon langsame Spaziergänge – aber die Wunde ist noch immer auf. Heute sind es 2 Monate, dass wir hier sind. Die Gegend ist wirklich schön der Blick von unserem Fenster direkt auf die Berge – blos Schade, dass ich nicht hinauf kann. Wir hatten ja die letzten Wochen herrliches Wetter, seit 2 Tagen aber wütet ein Sturm, begleitet bei Tag und Nacht von Regenschauern. (…)

Vielleicht wage ich doch Anfang Dezember den Marsch nach München. Mitte Dezember soll ich nach Berlin, eine kl. Filmrolle bei der Ufa übernehmen, muss aber leider absagen. Wie schade!

Pfronten 14.12.1939
Meine liebe gute Norma –

(…) Und immer bin ich noch in Pfronten – aber nach den Feiertagen will ich die Reise nach München wagen. Meine Alli darf noch so lange hier bleiben u. ich bin so froh darüber. Mit dem Laufen geht es schon ganz ordentlich, grössere Schwierigkeiten macht immer noch die Sitzerei.

Aber einmal wird u. muss doch die dumme Geschichte ein Ende nehmen – sonst könnte man verzweifeln.

Pfronten 18.12.39
Meine liebe gute Norma –

(…) Die Wunde ist nun endlich wieder zu. Vielleicht ist mir das Jahr 1940 gütiger gesinnt wie das jetzige ---. Eine ganz grosse Wallfahrt tät ich machen, wenn ich nur wieder gesund bleibe.

1940

Im Ernst ko i net schimpf'n, höchstens woana!

Das Jahr 1940 war für Liesl Karlstadt ein Jahr der Regeneration und des vorsichtigen Wegs zurück auf die Bühne. In der Zeit von Januar bis Ende Juli war ausschließlich Erholung angesagt. Langsam begann sie wieder Ausflüge in ihre geliebten Berge zu unternehmen. So verbrachte sie die Tage vom 11. bis 18. März mit ihrer Schwester Amalie im Haus Kern auf der Tuften bei Tegernsee. Von hier aus unternahm sie Wanderungen zum Riederstein und zum Wallberg. Am 14. Mai schrieb sie ihrer Freundin Norma Lorenzer:

> *Meine liebe gute Norma – ich bin mit meiner Alli einige Tage hier in Rottach u. es geht so leidlich. Das Wetter dürfte besser sein aber wir sind zufrieden.*

Im Mai traute sich Liesl Karlstadt bereits eine größere Bergtour zu. Mit Amalie ging sie vom Blomberg aus über den Heiglkopf nach Wackersberg und Tölz. Den Juni nutzte sie dazu, für einige Tage Freunde in Herrsching zu besuchen. Auf einer Karte an Norma Lorenzer vom 17. Juni vermerkt sie: »Ein paar Tage sind wir hier, gesundheitlich geht es mir leidlich.«

Am 10. März fand der erste Luftangriff auf München statt, es wurden allerdings nur Leuchtraketen abgeworfen. Ab 4. Juni 1940 begann die Bombardierung der Stadt. Anfangs erfolgten die Luftangriffe auf München, die alle von England aus starteten, wegen der

Liesl Karlstadt in
Münchner G'schicht'n
1940

weiten Entfernung nur vereinzelt, bis zum 20. September 1942 gab es insgesamt sechs Angriffe. Ab Frühjahr 1943, als sich auch amerikanische Verbände an der Bombardierung Münchens beteiligten, und nach der Landung der Alliierten auf Sizilien im Sommer 1943, kann man vom Beginn einer systematischen Bombardierung der Stadt sprechen.

Langsam rückten wieder berufliche Dinge in Liesl Karlstadts Blickfeld. So standen am 12. Juni 1940 gemeinsam mit Karl Valentin Schallplattenaufnahmen für die Reichsrundfunkgesellschaft an. Aufgenommen wurden die Dialoge *Semmelnknödeln, Vergesslichkeit, Üble Angewohnheiten* und *Wappenkunde am Stammtisch.*

Im August 1940 wagte sie sich erstmals seit langem wieder auf die Bühne. Sie wirkte immer noch geschwächt und zerbrechlich. Mit Karl Valentin spielte sie die Szene *Vorstadttheater* im Deutschen Theater. Unter der Überschrift »›Spaßvögel‹ im Deutschen Theater« bemerkte der Dichter und Lokalredakteur der *Münchner Neuesten Nachrichten* Eugen Roth:

> *Karl Valentin und – zu unserer herzlichen Freude nach so langer Pause – steht zusammen mit Lisl Karlstadt wieder auf den Brettern, die uns Münchnern eine vertraute Welt bedeuten, sie spielen Theater im Theater, so lustig wie je, und wir wollen sagen: ›Herzlich willkommen!‹ Alle Freunde Valentins kennen es, das entzückende ›Vorstadttheater‹, mit Lisl Karlstadt als schrulligem Kapellmeister und Valentin als widerspenstigem und zum Schluß heillos verwirrtem Musiker. Und dann sind noch und immer wieder Tausende, die es nicht kennen, und die müssen es erleben, denn es ist ein Stück ewigen, unwiederbringlichen Münchnertums.*

In Tölz beim Pfarrer Ostler
J. Ostler   Stasl Ostler

es geht mir wieder besser
Herbst 1940

Sowohl der September als auch der Oktober waren dann wieder frei von beruflichen Verpflichtungen. Lediglich Aufnahmen für die Reichsrundfunkgesellschaft standen auf dem Programm. Der Rundfunk war für Karl Valentin und Liesl Karlstadt gerade jetzt, wo sie so gut wie nicht mehr öffentlich zu sehen waren, die einzige Möglichkeit, sich als Künstler im Gespräch zu halten. Weite Teile der deutschsprachigen Presse berichteten darüber, und ihre Schallplatten-Dialoge wurden in ganz Deutschland gesendet. Auch als Einnahmequelle war dies für die beiden sicherlich nicht zu unterschätzen. Ein großer Teil ihrer Audio-Aufnahmen entstand im Jahr 1940. Am 11. September nahmen sie die Dialoge *Lehrer und Schüler*, *Die verfluchte Hobelmaschine* und *Spachforscher* auf, am 25. September dann *Ein Münchner Chinese*, *Versteigerung*, *Der komische Salat*, *Was man alles machen kann*, *Karlstadter G'stanzl* und *Die Menschenfresser* sowie am 9. Oktober *Trompetenunterricht*, *Sonderbarer Appell*, *Silberne Hochzeit*, *Schwieriger Kuhhandel* und *Die Fremden*.

Anschließend verbrachte Liesl Karlstadt wieder Freizeit im Gebirge. Am 6. Oktober ging sie mit ihrer Schwester Amalie auf den Herzogstand und über den Heimgarten ab nach Ohlstadt. Am 10. Oktober war ein Ausflug nach Bad Tölz geplant. Norma Lorenzer schrieb sie hierzu:

Ich werde also doch am Donnerstag fahren – obwohl der Zustand meines guten Freundes Wagner so ernst ist, dass man kaum fort kann. Ich müsste eben benachrichtigt werden, und wäre ja dann gleich wieder hier.

Liesl Karlstadt mit ihrer Schwester Alli am Herzogstand, Oktober 1940

In Tölz beim Pfarrer Jakob Ostler mit Stasl Ostler. Dazu schrieb Liesl Karlstadt: »Es geht mir wieder besser, Herbst 1940.«

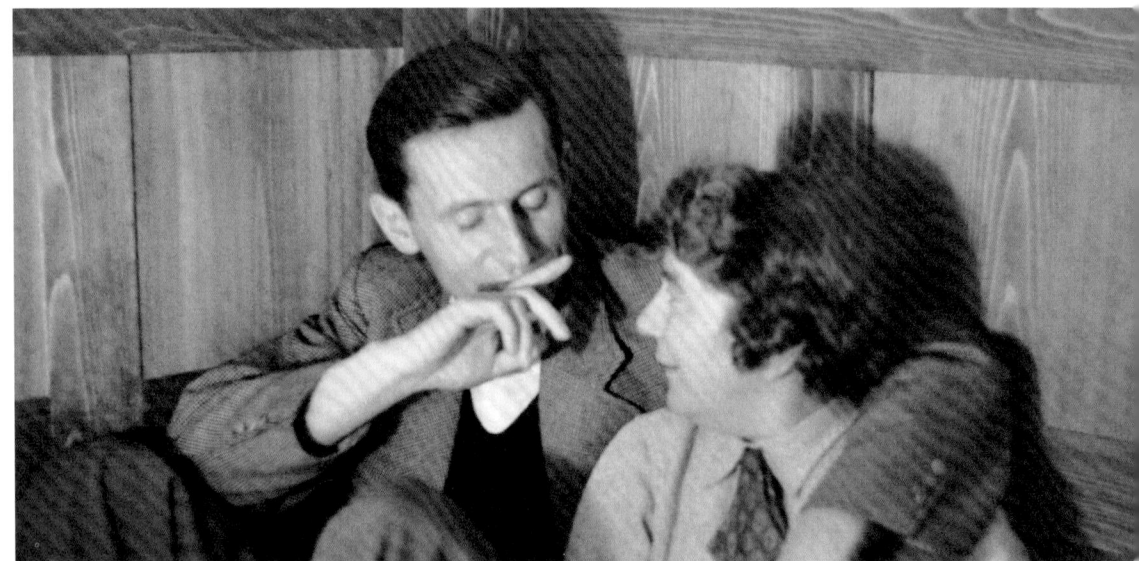

»Wer ist der neue Doktor vom Tölzer Krankenhaus?«

Ihr langjähriger Bergfreund Karl Wagner, der sie über viele Jahre auf zahlreichen Bergtouren begleitete, war schwer erkrankt und verstarb am 11. Oktober.

Im November stand sie wieder mit Karl Valentin im Deutschen Theater auf der Bühne, diesmal mit *Der Theaterbesuch*. Es sollte das letzte gemeinsame Auftreten von Karl Valentin und Liesl Karlstadt bis zum Kriegsende 1945 sein. Denn ab jetzt trennten sich die Wege der beiden für längere Zeit. Der *Völkische Beobachter* schrieb:

> Der ›Theaterbesuch‹ war nicht gerade neu, aber neu aufgebügelt, ›wia a neubachene Brezen, so neu‹, meint Valentin selbst. Dieser bartbehangene Valentin in seiner kindlichen Hilflosigkeit, der vergeblich gegen die Tücke des Objekts anrennt, ist eine einzige Attacke auf das Zwerchfell, allerdings nicht ohne die hausmütterlich ›tiefsinnige‹ Art seines Ehegesponses Fanny (sprich Lisl Karlstadt).

Im Rundfunk standen sie wieder im November vor dem Mikrofon, am 5. November mit den Szenen *Zauberei*, *Schwierige Auskunft*, *Der Vogelhändler*, *Verein der Katzenfreunde*, *Der überängstliche Hausverkäufer* und *Beim Zahnarzt*, am 19. November mit *Der Theaterbesuch*, *Radfahrer und Verkehrsschutzmann*, *Die Mutter*, *Buchbinder Wanninger*, *Des Freundes Brief* und *Was ist hier passiert*.

Im Dezember 1940 begann der Stern der Liesl Karlstadt wieder am Münchner Kleinkunsthimmel zu leuchten. Adolf Gondrell hatte sie eingeladen, in seiner Bonbonniere, einem damals weit über München hinaus angesehenen Revuetheater, in seiner Inszenierung *Münchner G'schicht'n* mitzuwirken. Gondrell hatte bereits 1929

Ankündigungsplakate
für den Auftritt in der
Bonbonniere

in Karl Valentins Stummfilm *Der Sonderling* mitgewirkt. 1934 spielte er zusammen mit Liesl Karlstadt im Film *Mit Dir durch dick und dünn,* im selben Jahr war er auch in Karl Valentis Film *Der Zithervirtuose* als Ansager zu sehen. Gondrells Karriere begann bereits 1923 im legendären Simplicissimus in der Türkenstraße. Von hier aus machte er sich deutschlandweit einen Namen als Conférencier. In Berlin trat er in der Scala, im Wintergarten und im Kabarett der Komiker auf. 1938 gründete er die Bonbonniere in der Neuturmstraße 5, neben dem Münchner Hofbräuhaus. Nach 1945 war er als Schauspieler an den Münchner Kammerspielen engagiert. Bis heute unvergessen bleibt Gondrell durch seine Interpretation von Ludwig Thomas Erzählung *Ein Münchner im Himmel.*

Von Anfang Dezember 1940 bis März 1941 wurden in Gondrells Bonbonniere die *Münchner G'schicht'n* aufgeführt, ein humorvoller Streifzug durch die Geschichte Münchens. Der Star des Abends war Liesl Karlstadt, die viele verschiedene Rollen verkörperte. Ein Kraftakt, den sie sich da zumutete, denn immer noch wirkte sie geschwächt und fragil.

Hierzu schrieb Elfi Horn am 12. Januar einen Zeitungsartikel unter der Überschrift: »Ein Wandel‹star‹ namens Liesl«:

Liesl Karlstadt ist sozusagen der rote Faden, der sich allabendlich in der ›Bonbonniere‹ zu allseitiger Vergnügtheit dargebrachten ›Münchner G'schicht'n‹ zieht. Mit der unbeirrbaren Sicherheit ihres Humors geht sie gleichsam durch die Jahrhunderte, wechselt Gewand, Rollen und Perücken – und verrät sich doch durch ihre lustigen braunen

Buhse Grau Kraa Aliprandi Karlstadt Ruppert

1. »Rund um die Bavaria« 2., 4. Liesl Karlstadt als Ausrufer 3. »Ganz heiser bin i von Deiner Schreierei!« 5. »Was? G'rauft wird?!«

Weihnachten in der Bonbonniere 1940 **2.** Liesl Karlstadt in der Damen-Garderobe, Bonbonniere 1940 **3.** Liesl Karlstadt als Münchner Kindl **4.** Adolf ndrell **5.** Weihnachten 1940, Liesl Karlstadt in Zivil auf der Bühne **6.** »Für Ehna bin ich keine Angeklagte«

Heinrich der Löwe und
das Münchner Kindl
gründen München

Zwist der Markt-
frauen während
des Dreißigjährigen
Krieges

Augen oder den bubenhaften Klang ihrer Stimme oder jenes unnachahmliche ›r‹ ihrer Worte, die ihren Klang aus der Münchner Tonleiter nahmen dort, wo sie am münchnerischsten ist. (…) Solchen Wechsel von Häßlich zu Hübsch, von Bärbeißig zu Zärtlich und umgekehrt aber nimmt sie den ganzen Abend durch immer wieder vor, verblüffend und komisch, charmant und reizvoll, mit allen Mitteln darstellerischer Kunst und einem unerschöpflichen natürlichen Humor. So ist sie, als ›Star‹ des Abends gleichsam ein Wandelstern, ungebunden und unberechenbar, immer in Bewegung und immer freundlich.

Weihnachten 1940 verbrachte Liesl Karlstadt mit ihren Kollegen im Theater Bonbonniere. Auch Silvester 1940 stand sie dort auf der Bühne. Am 2. Januar 1941 schrieb sie ihrer Freundin Norma:

Meine geliebte Norma – leider schlief ich noch – u. dann rief ich <u>sofort</u> bei Dir an u. erfuhr, dass Du schon längst in Oberammergau bist. Danke für Deinen Anruf. Wie geht es Dir Liebste? Ich kann es kaum mehr schaffen, aber nun sind die Feiertage vorbei. Morgen muss ich Schallplatten machen im Rundfunk. Bonbonniere Geschäft ist hervorragend u. grosser Erfolg. Sylvester musste ich einen sehr schönen Prolog sprechen als Münchner Kindl. Aber – Magenschmerzen seit 14 Tagen, dass ich die Wand hinauf könnte. Es ist zum wahnsinnig werden.

1941-1943
Ich ruhe mich hier von großen Strapazen aus

Aus Liesl Karlstadts
Bergtagebuch

Beruflich bedeuteten die Jahre 1941 bis 1943 für Liesl Karlstadt eine Veränderung. Aus der »allzeit getreuen Partnerin« des großen Karl Valentin war endgültig eine äußerst beliebte Münchner Volksschauspielerin geworden. Sie spielte am Münchner Volkstheater in Carl Borro Schwerlas Komödie *Graf Schorschi* die Walburga Graf, eine Blumenhändlerin auf dem Münchner Viktualienmarkt; diese Rolle sollte in jener Zeit ihre hauptsächliche Einnahmequelle werden. Das Stück hatte am 3. April 1941 Premiere und erlebte am 4. April 1943 seine 150. Aufführung. Weitere folgten. Mit *Graf Schorschi* ging sie auch auf Reisen, was eine Postkarte vom 29. September 1942 aus Landshut an Norma Lorenzer belegt:

> *Meine liebe Norma – ich hoffe, dass Du wohlauf bist u. Dir nichts passierte. Ich bin gastierenderweise mit ›Schorschi‹ hier u. sende Dir von dem alten Städtchen diese schöne Ansicht. In grosser Liebe Dein gedenkend Deine Liesl Karlstadt.*

Die Handlung des Stücks war relativ einfach. Die Blumenhändlerin Walburga Graf bewahrt ihren Neffen Schorschi Graf, gespielt von Willem Holsboer, der aufgrund seines Namens für einen »echten« Grafen gehalten wird, vor der Beschuldigung der Hochstapelei und anderen unangenehmen Folgen dieser Verwechslung. Die Rolle war Liesl Karlstadt wie auf den Leib geschrieben. In einer Kritik, eingeklebt in ihr

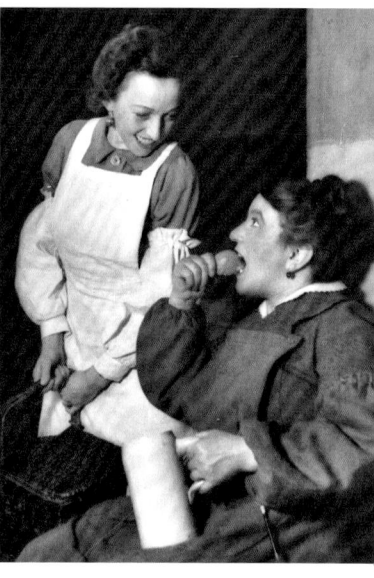

Bühnenalbum, ist zu lesen, sie sei »Mittelpunkt, Symbol, Stimmgabel, erste Violine und Kontrabaß der ganzen Aufführung«. Willem Holsboer war ab 1938 Intendant des Münchner Volkstheaters und bis zum Jahr 1950 für städtische Bühnen Münchens in dieser Funktion tätig.

Weit weniger Aufführungen als im *Graf Schorschi* waren Liesl Karlstadt in der Rolle als Dachserin in Ludwig Thomas gleichnamigem Einakter am Münchner Volkstheater vergönnt, der am 10. Juli 1941 Premiere hatte. Für die Inszenierung zeichnete Willem Holsboer verantwortlich.

Neben ihrer Tätigkeit am Münchner Volkstheater wirkte Liesl Karlstadt in diesen Jahren in einigen Filmen mit. Dreimal stand sie hierbei auch mit Karl Valentin vor der Kamera. Am 29. und am 30. Mai 1941 drehten die beiden die Szene *In der Apotheke* für die Tobis-Trichter-Filmreihe *Volkshumor in deutschen Gauen*. Die Koryphäen des Münchner Humors waren versammelt: Adolf Gondrell unterhielt sich in *Das spricht Bände* mit Walter Buhse in einem Buchladen, Weiß Ferdl sang sein neuestes Soldatenlied *Resei, Dir blei i treu* und verbreitete Durchhalteparolen für die deutschen Soldaten im Krieg, und Karl Valentin verlangte *In der Apotheke* für sein Kind ein Medikament, dessen Namen er sich nicht merken konnte. Die Apothekerin Liesl Karlstadt empfahl ihm letztendlich Isopropilprophenilbarbitursauresphenildimethildimetylamininophirazolon. Gedreht wurde in Gondrells Bonboniere und in Weiß Ferdls »Wohnzimmer«, dem Münchner Platzl.

Im Juni 1942 drehten Liesl Karlstadt und Karl Valentin zwei Sparkassenwerbefilme.

2

4

In einem davon entdeckt Liesl Karlstadt in Valentins Notitzbuch den rätselhaften Eintrag »Sp«, der sich am Ende nicht als Kürzel für eine heimliche Geliebte, sondern als Termin bei der Sparkasse erweist. Sparkassenwerbefilme sollten während des Krieges die Menschen zum Sparen animieren mit dem Ziel, das »Eiserne Sparen« quasi als Lebensprinzip zu etablieren. Die von den Bürgern angesparten Gelder waren ein nicht unwesentlicher Beitrag zur Finanzierung des Krieges.

Daneben verkörperte Liesl Karlstadt in mehreren Spielfilmen kleinere Rollen. Im März und April 1941 wurde in München der NS-Propagandafilm *Venus vor Gericht* unter der Regie von Hans H. Zerlett gedreht, in dem sie das Dienstmädchen Mathilde spielte. Neben Josef Eichheim, Elise Aulinger und Wastl Witt hatte auch Adolf Gondrell darin eine Nebenrolle. Die Murnau Stiftung schreibt zu diesem Film: »Der Propagandafilm thematisiert den Diskurs um ›entartete Kunst‹, die die Nazis aus Museen und Galerien entfernen ließen, und zeichnet ein diffamierendes Bild jüdischer Kunstkritiker.«

Am 13. Juni 1941 begannen in München die Dreharbeiten zum Film *Alarmstufe V*, in dem ein aufrechter Polizist einen Sabotageanschlag auf eine Chemiefabrik vereitelt. Liesl Karlstadt spielte die Zimmervermieterin Frau Kleebauer, und auch Willem Holsboer, Adolf Gondrell und Wastl Witt waren mit von der Partie.

Im September 1942 folgte neben Elise Aulinger, Josef Eichheim und Wastl Witt eine kleine Rolle im Spielfilm *Peterle*. Darin gibt ein vierjähriger Bub dem Leben eines Münchner Bierkutschers, gespielt von Joe Stöckel, neuen Sinn.

Vom 10. bis 15. Januar 1943 war sie zusammen mit Olga Tschechowa und Margot

Hielscher zu Dreharbeiten für den Film *Reise in die Vergangenheit* in Prag. Und schon am 21. Januar 1943 begannen die Dreharbeiten für den Film *Man rede mir nicht von Liebe*. Hier verkörperte Liesl Karlstadt neben ihrer Filmschwester Elise Aulinger die Zimmervermieterin Fritzi Machatschek. Die Hauptrollen spielten Heidemarie Hatheyer und Willem Holsboer, Regie führte Erich Engel, mit dem Liesl Karlstadt bereits ab 1935 – gemeinsam mit Karl Valentin – zusammengearbeitet hatte.

In der Beziehungskomödie *Das Konzert* spielten Liesl Karlstadt und Fritz Kampers das Ehepaar Pollinger. Regie führte Paul Verhoeven. Gedreht wurde der Film von Oktober 1943 bis März 1944 in Mittenwald, Lautersee und Umgebung. Uraufführung war am 27. Oktober 1944 im Europahaus in Berlin. *Das Konzert* war bis zum Kriegsende 1945 der letzte Film, in dem Liesl Karlstadt mitwirkte.

All diese Filme wurden während des Krieges gedreht und hatten die Vorgaben und Ideale der nationalsozialistischen Machthaber zu berücksichtigen, was sie mehr oder weniger offensichtlich taten. Der Film war in der NS-Zeit das bedeutendste Medium. So wurden laut Wikipedia im Jahr 1944 etwa 1,1 Milliarden Kinokarten verkauft. In Deutschland gab es weltweit nach den USA die meisten Kinositzplätze. Der Kinobetrieb wurde fast bis zum Ende des Zweiten Weltkriegs aufrechterhalten, während Schulen und Theater bereits lange geschlossen waren.

Eines haben Liesl Karlstadts Theater- und Filmproduktionen dieser Jahre gemeinsam: Sie spielte meist an der Seite von Schauspielern, die sie schon lange kannte und mit denen sie regelmäßig zu tun hatte. Die Zusammenarbeit mit Kollegen wie Willem Holsboer, Adolf Gondrell, Josef Eichheim oder Walter Holten, später

auch Elise Aulinger oder Wastl Witt bildeten ab 1938 den Kern ihrer beruflichen Tätigkeit als Volksschauspielerin. Und mit Elise Aulinger verbindet Liesl Karlstadt noch etwas: Beiden ist am Münchner Viktualienmarkt ein Brunnendenkmal gewidmet.

Ab Mai 1943 stand Liesl Karlstadt neben Franz Loskarn in der Szene *Trautes Heim* im Kolosseum auf der Bühne, diesmal in einem Varietéprogramm des Deutschen Theaters. Auf dem Programm standen Szenen, die mehr oder weniger Schallplattentexten von Karl Valentin wie *Die Brille*, *Der Hasenbraten* oder *Der Friedensengel* nachempfunden waren. Und auch Valentins komische Lichtbilder kamen zum Einsatz.

Über die Schwierigkeiten im Vorfeld dieser Produktion im Kolosseum beklagte sich Liesl Karlstadt bei ihrer Freundin Norma:

Liesl Karlstadt, München den 25. 4. 43, Nachmittag Schorschipause, i/der Garderobe. Meine liebe gute Norma! (…) Ich war 2 Tage in Vilsbiburg – die Hinreise war fürchterlich – Anschlusszug in Mühldorf war weg – dann musste ich 18 Klmtr. zu Fuss gehen nach Vilsbiburg. Wir telefonierten nach dort – da kamen zur Hälfte des Weges uns 2 Mädchen entgegen, um uns mit dem Rad, auf das wir uns hinten setzten, hinzubringen. (…)
Du, ich hätte keinen Tag weg gekonnt, so viel Proben und Verhandlungen sind fällig – es ist ziemlich aufregend. Am Dienstag gehen die Bühnenproben los. Denk Dir – von Berlin aus, wurde meine Gage im Kolosseum auf die Hälfte runter gestoppt – jetzt hätte

ich absagen wollen – aber Wolz sagt, das darf u. kann ich nicht. Nun sind Protestbriefe
unterwegs, von uns u. Direktor Wolz nach Berlin. Wolz benahm sich fabelhaft.

Und am 7. Mai, nach der Premiere des Stücks schrieb sie:

Meine liebe gute Norma! (…) Also das Schlimmste habe ich jetzt hinter mir, bin froh,
dass nun alles vorbei ist. Es ging gut, allerdings war mein Partner sehr aufgeregt und
nervös, ich musste auch noch täglich ändern, schwache Stellen weglassen und neues
dazu setzen. Aber jetzt spielt es sich allmählich ein und wird!
Leider ist halt im Kolosseum sehr schwer zu arbeiten, das grosse Haus und die schreck-
liche Bühne – aber da kann man nichts machen. Vielleicht kommst Du doch mal gegen
Ende des Monats einen Tag nach München, dann schaust Du Dir alles selbst an.
Gagenstopp ist noch nicht erledigt, und auch so gibt es jeden Tag neuen und anderen
Ärger. (…)
Auch wollte ich, ich könnte bei Dir sein – aber das geht nicht. 4 mal noch Nach-
mittagsvorstellung in der Woche, und am Montag diese Pendelei mit Volkstheater – Du
das war eine aufregende Hetze – aber es ging mit Auto von Wolz. Aber alles kostet halt
so viel Nerven.

Aber nicht nur das Theaterleben war in diesen Tagen schwierig – das ganz alltägliche
Leben in München angesichts des Krieges war es auch. Zu Beginn des Jahres 1941
schien für viele Münchner der Krieg noch relativ weit weg sein, lediglich die Sorge
und die Trauer um Familienmitglieder ließen ihn spürbare Wirklichkeit werden.
Nur vereinzelt schreckten Luftangriffe die Menschen auf. Zum Ende des Jahres
1943 bestimmte der Krieg dann jedoch alle Bereiche des täglichen Lebens. Keiner
konnte sich dieser Bedrohung entziehen.

Ausstieg auf die Ehrwalder Alm: Ein Gebirgsschwank

Wenn ich einen Frauenrock angehabt hab, hab ich mich immer nix sagn traun. Aber in der Hosn hab ich immer a frech Goschn ghabt, weil ich gwußt hab daß mich meine Kameraden nicht im Stich lassen.

Anfang 1941 zwang die schlechte Gesundheit Liesl Karlstadt erneut zu einer Pause. Mit letzter Disziplin, von unerträglichen Magenschmerzen geplagt, absolvierte Liesl Karlstadt noch ihr Engagement in der Bonbonniere. Zwei Monate lang spielte sie jeden Abend ihre Revue *Münchner Bilderbogen* vor ausverkauftem Haus. Trotz der Magenkrämpfe hielt sie aus Kollegialität durch. Der Arzt drängte zu absoluter Ruhe und Erholung – doch wohin? Die meisten Rehabilitationseinrichtungen waren von verwundeten Soldaten belegt oder wurden zur Ertüchtigung oder für Zwecke des NS-Regimes genutzt. In dieser Notlage besuchte sie ihr langjähriger Künstlerfreund Magnus Henning, dem sie von ihrem schlechten Gesundheitszustand erzählte und der sie daraufhin in seine Ferienwohnung nach Ehrwald in Tirol am Fuße der Zugspitze einlud.

Henning war Pianist in der Schwabinger Künstlerkneipe und Bühne Simplicissimus gewesen. Mit Erika und Klaus Mann hatte er die Pfeffermühle initiiert, jenes legendäre politisch-literarische Kabarett, das sich am 1. Januar 1933 in der Münchner Bonbonniere gründete. Henning vertonte die Texte und spielte Piano. Schon kurz nach der Gründung musste das Ensemble vor den Nationalsozialisten jedoch ins Exil nach Zürich fliehen und ging anschließend in ganz Europa bis August 1936 auf Tournee. Als auch das zu gefährlich wurde, unternahm man als *The Peppermill* einen Neustart in New York, der jedoch 1937 scheiterte.

Magnus Henning kehrte nach München zurück. Mit der Ehefrau des Burgschauspielers Heinz Wöster teilte er in Ehrwald eine kleine Ferienwohnung. Nach dem Krieg erwarb er dort ein Haus, eröffnete noch einmal eine Bar namens Pfeffermühle und spielte dort Klavier.

Wichtigste Protagonistin der ursprünglichen Pfeffermühle war Therese Giehse, die mit ihrer einzigartigen Darstellkunst und Bühnenpräsenz dieses historisch singuläre Kabarett prägte. Sie war es auch gewesen, die 1927 Erika Mann erstmals zu einer Vorstellung von Karl Valentin und Liesl Karlstadt mitgenommen hatte. Giehse erkannte das Außergewöhnliche der Kunst dieses Komikerduos und besuchte schon seit geraumer Zeit begeistert Valentin-Karlstadt-Abende. Wie Gunna Wendt in

1. Dr. Rolf Badenhausen war seit 1933 Liesl Karlstadts regelmäßiger Begleiter auf den B...
2. Auf der Zugspitze am 10. Februar 1933 **3.** In der Wohnung von Magnus Henning berichtete Rolf Badenhausen von sein...
Skitouren auf der Ehrwalder Alm. **4.** Magnus Henning am Krankenbett von Liesl Karlstadt in seiner Ferienwohnun...
Ehrwald. **5.** Die Ehrwalder Alm 19...

Dr. Badenhausen

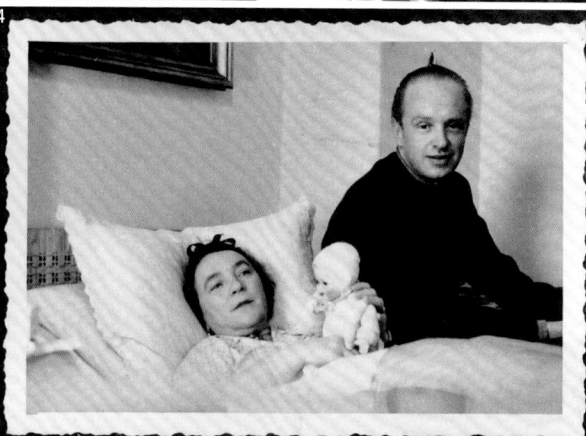

Ehrwalder-Alpe 1493 m.
mit Sonnenspitze.

1 1941

30. August Ehrwald Hoher Gang zur
     Coburger Hütte
31. August Abstieg Seebensee Almen
     Ehrwalder Alm m/ Dädenhausen

3. Sept. – 6. Sept. m/ Alli
Ehrwalder Alm – Hoher Gang –
Coburger Hütte – Ehrwalder Alm –
Igesee – Tillfuss Alm – Ganghoferhaus –
Oberleutasch – Unterleutasch –
Mittenwald.

19. Sept. Kufstein – Kaisertal – Pfandlhof –
Hinterbärenbad Anton Karghaus
          m/ Alli & Rosa

28. Sept. Neuhaus – Rote Wand – Erkau
          m/ Alli

2 1943

Mai 2.   Ehrwalder Alm
           Wildgruber Osterhauser

Juni   Ehrwalder Alm
           Hochgebirgsübung
           über Feldernjöchl

Juli   Coburgerhütte mit Alli
           Ehrwalder Alm
August   mit Alli u. Senner Sepp
           Steinerner Hütte
September Ehrwalder Alm
5. "   Drachenkopf vorderer 2304 mtr. Allein
           mit Emy Carli u. Edelmann
23. "   Seebensee – Coburger Hütte
    mit   Anderl Simon
           Coburger Hütte – Vorderer Drachenkopf 2304m
           Nordwand Scharschnitt Kamin
24. "   Wampeter Schrofen 2518 mtr.
           ↑ Nord Ost grat direkt ↓ Ost Schlucht
25. "   mit Simon Anderl Breitenkopfhütte
                    übernacht

Alpenglühen

ihrem Buch *Erika und Therese* schreibt, hatte es in der Singspielhalle Kolosseum an diesem Abend voll aberwitzigem Humor mit den Sketchen *Christbaumbrettl* und *Der Antennendraht* zwischen den beiden Frauen gefunkt, und sie wurden für lange Zeit ein legendäres Paar. Therese Giehse hatte auch längst die Bedeutung von Liesl Karlstadt erkannt, sie war weit mehr als Stichwortgeberin. Später empfahl die Giehse Liesl Karlstadt für ihre Rolle als Frau Vogl an die Kammerspiele, als sie selbst für ein Gastspiel nach Berlin ging.

Dankbar nahm Liesl Karlstadt Hennings Einladung nach Ehrwald sofort an und bereitete die Reise vor, sobald sie ihre letzte Vorstellung hinter sich hatte. Spontan schloss sich Dr. Rolf Badenhausen, der zufällig auf Besuch war, ihr an. Der Theaterwissenschaftler und Chef-Dramaturg von Gustaf Gründgens war seit 1936 mit Elisabeth Flickenschildt verheiratet, die er als Dramaturg 1935 an den Münchner Kammerspielen kennenlernte. Später folgte er ihr zu Gründgens nach Berlin. Nach dem Krieg brachte ihn der Zufall wieder mit Karl Valentin, das heißt mit dessen Werk, zusammen. Von 1950 bis 1972 war er Ordinarius der Theaterwissenschaft an der Universität Köln und somit auch zuständig für die Theaterwissenschaftliche Sammlung im angegliederten Schloss Wahn. Hier befindet sich seit 1953 der Nachlass von Karl Valentin.

Bereits seit 1933 war Badenhausen Ski- und Bergpartner von Liesl Karlstadt, der die hervorragende wie leidenschaftliche Bergsteigerin und Skifahrerin im Sommer wie im Winter auf Touren begleitete. In Ehrwald fühlte Liesl Karlstadt sich sofort wohl: »So a Luft wie hier hab i schon lang nimmer g'rochen! Wann d'Sonn so herscheint und die weißen Wolken am Himmel ziehn, könnt ma beinah glauben, daß auf der ganzen Welt Frieden is!«, schwärmte sie, und von Frau Wöster wurde sie, wie vom Arzt verordnet, mit Haferschleim und Brei wieder aufgepäppelt.

Während Liesl Karlstadt sich noch erholen musste, unternahm Badenhausen Skitouren auf die Ehrwalder Alm und berichtete ihr am Abend begeistert davon. Lange hielt sie es im Dorf nicht aus, es zog sie auf die Alm, sie wollte selbst erkunden, wovon Badenhausen ihr erzählte. Sobald es ihre Gesundheit zuließ, begleitete sie ihn. Am 10. Februar ging es auf die Zugspitze und tags darauf auf die Ehrwalder Alm. Dort im Gasthof Alpenglühn lösten Erbsensuppe, Speck und Landwein, in München längst rare Dinge, die Schonkost ab. Das Magenleiden war kuriert. Badenhausen musste wieder zurück nach Berlin, doch Liesl Karlstadt blieb.

Was als Erholungsaufenthalt bei Freunden geplant war, wurde zum Ausstieg für Liesl Karlstadt. Auch nach Badenhausens Abreise zog es sie auf den Berg, dort

2. Seit 1904 verzeichnete Liesl Karlstadt ihre Bergtouren in ein Gebirgstagebuch. **3.** Liesl Karlstadt blieb in Ehrwald und
g hinauf ins Hotel Alpenglühn, 50 Meter unterhalb der Girgsjägerhütte.

Die große Liebe zu den
Tieren, vor allem zu
»ihrem« Lieblingsmuli
Panther, ließ Liesl
Karlstadt auf der Alm
verweilen.

Liesl Karlstadt zeigte
sich im Umgang
mit den störrischen
Maultieren so
geschickt, dass sie
sich dafür den Respekt
der Gebirgsjäger
erwarb und den Muli-
Führerschein verliehen
bekam.

kümmerte sie sich um die Maultiere, unternahm Hochgebirgstouren und unterhielt eine Gebirgsjägertruppe. In einer völlig anderen Welt erholte sie sich von den
Strapazen der Vergangenheit. Jeden Tag stieg sie zur Alm auf und begegnete dabei immer denselben zwei Soldaten der dort oben stationierten Gebirgsjäger mit ihren Mulis, sie beobachtete den Trupp und kam ins Gespräch. Einer von ihnen, ein
Wachtmeister Leinbeck, erkannte sie trotz ihrer Bergsteigerhosen und dem Kopftuch
an der Stimme und war verblüfft, den großen Star aus München hier anzutreffen.
Er lud sie auf die Militärdiensthütte ein. Beim ersten Besuch wurde sie noch von
Badenhausen begleitet, weil sie sich alleine nicht traute. Die geräumige saubere Hütte,
die ursprünglich im Besitz des Sportvereins Oberammergau war, gefiel ihr sehr.

Sie freundete sich mit den dort stationierten Gebirgsjägern an und zog schließlich
hinauf ins Hotel Alpenglühn, 50 Meter unterhalb der Ehrwalder Alm-Hütte. Dort
saß sie abends am Stammtisch der Soldaten. Bei den zünftigen Hüttenabenden
im Gasthof war sie willkommene Unterhalterin der Truppe, die einzige Frau unter
Männern. Man war stolz und glücklich, sich mit der berühmten Schauspielerin aus
München zu umgeben.

Vor allem aber bewegten die Maultiere Liesl Karlstadt zum Bleiben, ein Muli
namens Panther hatte es ihr ganz besonders angetan. Die Tiere dienten auf der
Ehrwalder Alm den Soldaten der 5. Gebirgsdivision der Nachrichtenersatzabteilung
7, die dort zu Nachrichtentechnikern ausgebildet wurden, als Lastenträger. Sie
konnten die schweren Trommeln mit den Kabeln tragen, die sie zu verlegen hatten.
Halb Pferd, halb Esel, sind Mulis im Gebirgsgelände trittsichere, robuste, aber

Mein Chef „Toni Heimbach"

auch sehr störrische Tiere. Mit Bewunderung sah Liesl Karlstadt genau zu, wie die Soldaten die Maultiere über den Berg bewegten. Wenn ein Tier stur gar nicht mehr weiterwollte, half ein Schneeball, den man ihm ans Hinterteil warf. Als die Soldaten eines Tages mit einem liegen gebliebenen Schlitten beschäftigt waren, übernahm sie es, die Maultiere den Berg hinaufzubringen, und genau wie sie es sich abgeschaut hatte, brachte sie den widerspenstigen Lieblingsmuli Panther mit einem Schneeball zum Weitergehen. Das trug ihr die Bewunderung und den Respekt der Gebirgsjäger ein, zumal der Panther angeblich sonst nie auf Frauen hörte. Auf Anhieb schloss sie ihn ins Herz und war auf ihre Leistung ganz jenseits des Theaters sehr stolz.

Fortan begleitete sie den kleinen Trupp jeden Tag. Am 27. Februar 1941 erhielt Liesl Karlstadt als Anerkennung für ihren geschickten Umgang mit den Tieren von den Gebirgsjägern den Muli-Führerschein mit Dienstsiegel verliehen. Sie wurde auf den Namen »Gustav« getauft und zum Hilfstragetierführer ernannt. Ihr Ehrgeiz wuchs, und so folgten weitere »Beförderungen« vom Oberfunker zum Obergefreiten, jedes Mal mit etlichem Brimborium gefeiert.

Theater auf der Alm: Diese komischen, pseudomilitärischen Zeremonien brachten willkommene Abwechslung in den Alltag der Soldaten. Wieder schlüpfte Liesl Karlstadt in eine Hosenrolle, wieder nahm sie einen »Künstlernamen« an. Wie einst aus der Elisabeth Wellano die Liesl Karlstadt wurde, so wurde diese jetzt zum »Gefreiten Gustav«. Am Abend setzte sich die Gaudi im Hotel Alpenglühn fort. Übermütig gründete Liesl Karlstadt eine Familie. Den Soldaten wurden Rollen zugeteilt, sie war die Mutter der Kompanie, es gab den Ehemann, die Söhne, auch

»Beförderung« zum Stabsgefreiten

»Beförderer« und »Chef« Toni Heimbach. Das Edelweiß der Gebirgsjäger zierte ihre Uniform.

In der Soldatenfamilie bekam jeder seine Rolle zugewiesen als Mann, Kinder, Onkel oder Vormund, und manchmal wurden die Geschlechter vertausch so erhielt »Gustav« auch eine Braut.

In Stratosphärenkleidung z. Hymelaya 8250 meter

einen Onkel. Mit ihren Rollen tauschten sich auch hier die Geschlechter, und so bekam Gustav eine Braut. Man vergnügte sich und flüchtete in Traumwelten. Selbst ein im Hotel urlaubender Major der Luftwaffe, der schon einige Tage von seinem Tisch aus schüchtern das Szenario beobachtet hatte, bat eines Abends darum, mitspielen zu dürfen, und bekam die Aufgabe des Vormunds übertragen.

Alle Zeitgenossen, die sie damals kennenlernten, beschrieben Liesl Karlstadt als eine außergewöhnlich warmherzige Frau, sie hatte die Gabe, andere anzustecken und mitzureißen. Alles war Theater, auch die Uniform eigentlich ein Kostüm, eine Fantasieuniform bestehend aus einer blauen Zimmererhose und Sportbluse, dekoriert mit einem Gefreitenwinkel, Schützenschnur und Edelweiß. Später ersetzte das alte Afrika-Hemd eines Landsers die Bluse, um »echter« zu wirken, weil man sie im Tal auch schon mal für einen Postboten hielt. Wie seinerzeit auf der Bühne mit Karl Valentin in den *Raubrittern vor München* gab sie hier auch eine Posse auf den martialischen, unmenschlichen Militarismus – und das mitten im Krieg. Auch im Ort Ehrwald hatte man diesen weiblichen Soldaten schon gesehen, und manche hatten in ihm auch die Liesl Karlstadt erkannt.

Eines Tages kündigte sich auf der Gebirgsjägerhütte der Kompaniechef aus Oberammergau, Oberstleutnant Willi Schleif, zur Inspektion an. Liesl Karlstadt fürchtete, dass nun alles aufliegen und es für alle Konsequenzen haben könnte. Doch Schleif lud sie zum Umtrunk in die Hütte der Soldaten ein, gab als Höhepunkt eines geselligen Abends dem wenig legalen Treiben seinen Segen und ernannte zur Legitimation Liesl Karlstadt zum Obergefreiten. Der Schutz der Uniform erlaubte

Gasthof Pension Alpenglühn- Ehrwalder Alm 1523m

es Liesl Karlstadt, in der kaum berührten Natur der Gebirgswelt zu verweilen.
Militärisches Gehabe wurde von ihr nicht verehrt, sondern persifliert, umgeben von
jungen Soldaten, die diesen Humor teilten.

Liesl Karlstadt war im Umgang mit den Mulis so versiert, dass die Soldaten
sie ihr anvertrauten. Das war nicht ohne Risiko, denn die Landser machten sich
damit strafbar. Militärtiere waren Armeegut, ihr Leben fast mehr wert als das eines
Soldaten. Wäre einem Maultier unter der Obhut von Liesl Karlstadt etwas passiert,
wäre das ein Fall fürs Kriegsgericht gewesen. Zunächst kümmerte sie sich heimlich
vor Dienstbeginn um die Tiere, mistete den Stall aus, fütterte sie, gewann ihr
Vertrauen und das der Soldaten. Die Zuneigung zu den Tieren ließ Liesl Karlstadt
ihre Abreise von Ehrwald immer wieder verschieben. Karl Valentin schien weit weg,
Briefe und Telefonate blieben oft unbeantwortet. In Briefen nach Ehrwald beklagte
er sich darüber, dass sie so selten schreibe, wenn sie nicht da sei, sei es »fade« und
»leer«. Gleichzeitig erklärte er darin aber auch, ein Besuch in der Einsamkeit der
Berge sei für ihn unmöglich. Ein andermal schrieb er nach Ehrwald: »Wieder ein
langweiliger Sonntag es ist zum Verzweifeln«, Zerstreuungen in Stammlokalen
seien immer das Gleiche, »mich freut gar nichts mehr« und ohne sie wären die
Schallplattenproduktionen, die er noch machte, »halt nix«. Von Liesl wusste er zu
dieser Zeit wenig. Aus Programmen und Zeitungsberichten erfuhr er von ihren
Theaterengagements und Filmrollen.

An Norma schrieb sie manchmal eine Postkarte, so am 15. März 1941: »Liebste
Norma – Dir u. Brigitte recht liebe Grüsse, ich ruhe mich hier von grossen Strapazen

aus. Immer Deine Liesl Karlstadt«. Insgesamt schien ihr aber das Gebirgsleben nicht viel Zeit zum Schreiben gelassen zu haben, Post von ihr ist rar.

Unterbrochen von Gastspielen und Dreharbeiten, kehrte sie immer wieder nach Ehrwald zurück und kam sich manchmal sogar vor wie eine »Deserteurin« aus München. Für ihre Engagements reichte sie beim Hüttenwart in aller Form Urlaubsanträge für wichtige »Feld-Film-« oder »Feld-Theaterarbeit« ein. An Norma schrieb sie am 18. März 1941: »Ich war filmenderweise einige Tage in München u. flüchtete wieder hierher. Bald beginnen aber meine Proben fürs Volkstheater.« In München bemerkte man ihre Abwesenheit kaum, weil sie immer wieder auch auf der Bühne zu sehen war. Ihre Gastspiele in den Theatern und Varietés waren stets ausverkauft. Am 3. April 1941 wurde *Graf Schorschi* uraufgeführt mit großem Erfolg, wochenlang stand das Stück auf dem Spielplan des Volkstheaters. Auch hier begeisterte sie Soldaten im Rahmen der »Wehrbetreuungsarbeit«, auch hier wollte man Soldaten bei Laune halten und dadurch die Kampfkraft für den Krieg stärken. Eine Zeitungskritik schrieb darüber: »Selten haben wohl raue Krieger so herzhaft gelacht wie an diesem Abend im Volkstheater.«

In ihrem Bühnenalbum findet sich nur ein verborgener Hinweis auf ihre Gebirgsabenteuer, auf einem kleinen, neben anderen Zuschriften eingeklebten handgeschriebenen Kärtchen: »Grüaß di Gott Gustav, D' Simonische«. Bekannt wurde die Episode von Liesl Karlstadts eigenwilligem Ausstieg in die soldatische Gebirgswelt erst viel später. 1952 wurde sie von ihren Ehrwalder Freunden zu einem großen Veteranentreffen der Gebirgsjäger im Hofbräuhaus eingeladen. 10 000 Gebirgsjäger kamen zu diesem Massentreffen nach München. Die abscheulichen Kriegsverbrechen der Gebirgsjäger vor allem in Griechenland waren in den Reden auf dieser Veranstaltung, die zumeist glorreich das Kameradentum beschworen, kein Thema. Liesl Karlstadt wurde von den Ehrwalder Freunden persönlich mit dem Muli-Gespann dazu abgeholt, so kündigte es jedenfalls die Einladung an. Und sie war natürlich der Stargast.

Die *Münchner Illustrierte* nahm dies zum Anlass, die Geschichte auf vielen Seiten und mit zahlreichen Fotos aus der Zeit auf der Alm zu erzählen. Verfasst wurde der Artikel von ihrem späteren ersten Biografen Theo Riegler:

Es gibt in der Geschichte des vergangenen Krieges ein Kapitel, mit ebensoviel Humor, Liebenswürdigkeit und Menschlichkeit geschrieben, wie die übrigen mit Blut, Leid und Grauen. Es ist die Geschichte vom Stabsgefreiten Gustav. Dieser Stabsgefreite

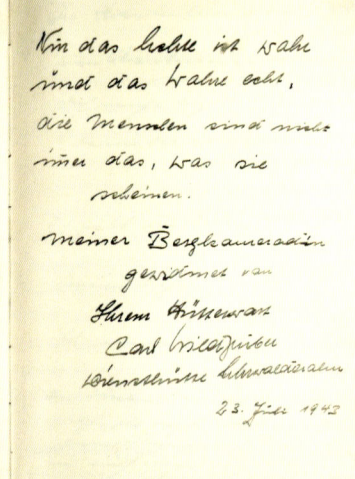

Um das Schöne ich wahr
und das Wahre echt,
die Menschen sind nicht
immer das, was sie
scheinen.

meiner Bergkameradin
gewidmet von
Ihrem [...]
Carl [...]
[...]
23. Juli 1943

1943 war Carl Wild-
gruber noch als
einziger der alten
Truppe auf der Alm.
Er trug sich in Liesl
Karlstadts Freund-
schaftsalbum ein.

Als Liesl Karlstadt
1943 auf die Alm
zurückkehrte, erreichte
sie ein Brief von Major
Willi Schleif aus dem
Kaukasus.

Gustav wurde in keiner Wehrstammrolle geführt und erhielt keinen Wehrsold. Er steckte in einer Phantasieuniform und hatte lange Haare. Er war eine Frau und hieß Liesl Karlstadt.

1942 ließ die viele Arbeit Liesl Karlstadt keine Zeit für die Alm, doch verschlechterte sich ihr Gemütszustand wieder. Zwischendurch erholte sie sich immer wieder ein paar Tage in Bad Tölz. Von dort schrieb sie an ihre Freundin Norma im April nach einem langen harten Winter, in dem sie sich nicht gemeldet hatte: » (…) denke ja nicht, dass ich Dich ob meines langen Schweigen vergessen habe. Aber es ging mir nicht gut.« Und im Juni:

> *Meine liebe Gute Norma – gerade die letzten Tage muss ich soviel an Dich denken, noch mehr wie sonst (…) Bin mit meiner Alli der Getreuen nochmals hier, wir haben aber seit einigen Tagen schlechtes Wetter – u. oben auf den Bergen liegt viel Neuschnee. Mir selbst geht es ein bisschen besser – ach manchmal ist alles so schwer, gar nicht zu sagen.*

Auch vier Wochen später ging es noch nicht wirklich besser: »Meine Stimmung ist leider immer noch nicht gut, glaubst Du denn, dass das immer so weiter gehen wird?« Aus dem Brief geht auch hervor, dass sie sich zwischenzeitlich die Mandeln hat entfernen lassen. Eine Angina hatte sie 1939 ja fast das Leben gekostet.

Im Mai 1943 kehrt Liesl Karlstadt nach Ehrwald zurück und blieb fast den ganzen Sommer bis zum Spätherbst. Als sie nach einem Jahr wieder auf die Alm kam,

Unbeschwerte Stunden auf der Ehrwalder Alm in idyllischer Gebirgslandschaft lassen Liesl Karlstadt von den Strapazen der Vergangenheit erholen.

fand sie dort eine neue Mannschaft vor. Der Einzige aus der alten Truppe, der noch da war, war der Hüttenwart Carl Wildgruber. Mit ihm verband Liesl Karlstadt bis zu dessen Tod eine Bergfreundschaft. Aus einem Vermerk in ihrem Gebirgstagebuch geht hervor, dass er am 20. Dezember 1952 durch eine Lawine auf der Zugspitze ums Leben kam. Alle anderen ihr bekannten Gebirgsjäger waren in den Kaukasus abkommandiert worden. Dort kam der Ostkrieg erstmals zum Stocken. Ein gescheiterter Versuch, auf Hitlers Befehl zum Schwarzen Meer vorzustoßen, führte unter den Gebirgsjägern zu großen Verlusten. Willi Schleif war am Ilmensee stationiert, hier stieß die deutsche Wehrmacht im Zweiten Weltkrieg erstmals an ihre Grenzen und musste den Rückzug antreten. Im südöstlich gelegenen Kessel von Demjansk waren Anfang 1942 etwa 100 000 deutsche Soldaten fast ein Jahr lang von der Roten Armee eingeschlossen. Aus Finnland abkommandierte Gebirgsjäger sollten sie unterstützen, den Kessel zu öffnen.

Als Liesl Karlstadt bei Wildgruber anfragte, ob sie wiederkommen könne, war seine Freude groß: Sie werde dringend für die Mulis gebraucht, weil alle »Guadn« weg seien. Auch von der neuen Mannschaft wurde sie herzlich empfangen. In einem Brief aus dem Kaukasus, der in der Manier von Ludwig Thomas Filserbriefen verfasst war, wurde sie vom inzwischen zum Major beförderten Willi Schleif zum Stabsgefreiten erhoben. Er schrieb ihr, dass er jetzt nicht mehr in Finnland, sondern im Kaukasus zu erreichen sei: »Am Ilmensee, der wo gar niemals nicht so schön is wie der Starnberger See ist und so an schiachen winder mit vuiel Schnä und a Saukält ham mer kappt, die Ruhsen hapen ins au nia a Ruah glasen!«

Liesl Karlstadt bedankte sich in einem im gleichen Duktus verfassten Brief bei Schleif und forderte ihn darin auf: »I sag' Eahna was, schiassen S' do a bisserl schneller, daß der Krieg eher aus is'!« Außerdem bot sie ihm an, nach dem Krieg mit ihm als Attraktion auf das Oktoberfest zu gehen und sich dort ausstellen zu lassen, »nacha san mir erstens auf die Firma Hitler und Co. nicht mehr angewiesen und verdeana an Haufen Geld!« Auch diese Beförderung wurde in gewohnter Art gefeiert. Einen ähnlichen Hüttenzauber gab es, als Willi Schleif kurz darauf auf die Alm zu Besuch kam. Liesl Karlstadt begrüßte ihn mit einem Klarinettenständchen. Offensichtlich hat sie wenig später ihr geliebtes Instrument verliehen, denn am 28. Juli 1943 findet sich folgende Zeitungsanzeige:

Liesl Karlstadt vermißt eine Klarinette. Ein mit der bekannten Münchner Künstlerin befreundeter Soldat ließ am 7. Juli eine von ihr entliehene C-Klarinette mit dunkelbraunem Etui im Zug Garmisch-Innsbruck liegen. Liesl Karlstadt bittet dringend unter Zusicherung hoher Belohnung um Rückgabe des Instruments, mit dem sie schon seit Jahren mit Karl Valentin viele Tausend Menschen erfreut hat.

Als einzige Frau im Kreis von jungen, bodenständigen Männern fand Liesl Karlstadt einen Ausgleich zum aufregenden und erschöpfenden Bühnenleben. Zwischendurch vertrieb sie sich die Zeit mit ausgiebigen Wanderungen und Klettertouren, oft in Begleitung eines Kameraden. Manchmal blieben sie auch auf der Coburger Hütte, auf 1917 Metern über dem Drachensee gelegen, über Nacht, um am nächsten Tag laut Tagebuch den Drachenkopf oder den Nordostgrat zu erklettern. Auch ihre Schwester Amalie kam zu Besuch zu gemeinsamen Bergtouren. Norma lud sie ebenso ein, am 25. Juni 1943, schrieb sie ihr aus Ehrwald:

Meine lb. – gute Norma – danke für Deinen lb. Brief. Mir geht es wohl besser mit dem Magen, aber noch lange nicht gut. Die Leute sind hier sehr gut zu mir u. ich habe es schön. Wenn Hertha kommt, dann teile es mir mit u. ich fahre nach München; oder wollt Ihr mich hier besuchen? 2 Stunden Aufstieg oder ich komm ins Tal. Herzlichst Liesl Karlstadt.

Sie gehörte nun ganz dazu und zog auf Einladung und mit offizieller Genehmigung des inzwischen zuständigen Obersts von Oberammergau vom Hotel Alpenglühn auf die Diensthütte der Ehrwalder Alm ins einzige Offizierszimmer. Auf dem

Namensschild an der Tür stand »Stabsgefreiter Gustav«. Heikle Situationen im Zusammenleben mit den Landsern wurden mit Taktgefühl gelöst. So stand Liesl Karlstadt früh auf, um den Waschraum vor ihren Kameraden zu nutzen. Dennoch lief sie auch immer Gefahr, als falscher Gefreiter aufzufliegen. Im Ort Ehrwald begegnete sie vor einem Erholungsheim für Offiziere einem überzeugten Luftwaffenoffizier, der ihr wegen ihrer erfundenen Uniform, die sie auch noch als Frau trug, drohte. Sie musste fürchten, von ihm denunziert zu werden: wegen Verunglimpfung des Militärs durch das unberechtigte Tragen einer Uniform, die noch dazu der Fantasie entsprang, wie auch wegen ihrer vermeintlich gefälschten Orden. Schließlich redete sie sich darauf hinaus, dass ihre Kleider durch Bombenschäden verloren gegangen wären, sie deshalb das Hemd von ihrem Bruder bekommen habe und sich das König-Ludwig-Kreuz, das der preußische Offizier nicht kannte, ordentlich erworben habe. Letzteres entsprach der Wahrheit, denn sie hatte es für ihr Auftreten im Dienst des Roten Kreuzes bei Wohltätigkeits-, Lazarett-, Kriegsfürsorge- und Heimkehrervorstellungen am Ende des Ersten Weltkriegs im Oktober 1918 verliehen bekommen.

Damals drohte sie schon kurz darauf erschossen zu werden, während der Revolution in München 1919. Eine Anekdote überliefert, dass damals Weißgardisten ihre Wohnung nach Waffen durchsuchten. Wie es der Zufall wollte, hatte zuvor ihr Bruder eine Pistole bei ihr in der Wohnung gelassen, die sie gerade noch in einer Kunstpalme verstecken konnte. Die Gardisten stellten trotz ihrer Beteuerungen, dass sie alleine im Leben sei, die komplette Wohnung auf den Kopf, nahmen Schränke und Schubladen auseinander und entdeckten schließlich ein Foto auf dem

Auf der Diensthütte stand Liesl Karlstadt ihren Mann wie alle anderen. Die Fotografin Erika Schmachtenberger kam zum »Fotoshooting«.

Gegen den Widerstand einiger Soldaten nahm Liesl Karlstadt im Juni 1943 an einer Hochgebirgsübung teil.

Mit der Kabelspule und Gewehr im einsetzenden Schneetreiben

Nachttisch, das sie in der Maske des »Lucki«, ein Vorstadtstenz, zeigte. Nun wurde es richtig gefährlich, die Geschichte von der alleinstehenden jungen Frau nahm ihr keiner mehr ab. Dann fanden die Soldaten im Regal ein Stück Seife. Mit einiger Überzeugungskunst gelang es Liesl Karlstadt am Ende, die Männer, die tatsächlich keinen Spaß verstanden, mit diesem seltenen Gut zu bestechen, und sie zogen ab.

Als erste Frau nahm Liesl Karlstadt im Juni 1943 an einer militärischen Hochgebirgsübung teil. Allen Bedenken der Soldaten zum Trotz, setzte sie ihren Willen durch, mit 75 Mann und 25 Mulis von Oberammergau zur Ehrwalder Alm zu marschieren. Entgegen den Befürchtungen, eine Frau könne auf der 45 Kilometer langen Strecke im anspruchsvollen Hochgebirge zur Last werden, bewies sie Zähigkeit und Ausdauer. Sie wollte beweisen, dass sie auch hier als Frau von gut 50 Jahren das Gleiche leisten konnte wie ihre jungen Kameraden. Mitten im Sommer setzte auf über 2000 Metern heftiges Schneetreiben ein. Am Ende rettete sie einen völlig entkräfteten jungen Rekruten, der am Rande eines Zusammenbruchs stand, und trug sein Gewehr und die schwere Kabelspule.

Auf der Alm führte sie ihr Leben jenseits jeder Konvention fort – wie sie es immer schon getan hatte: als sie sich, dem Willen des Vaters widersetzend, gegen einen bürgerlichen Beruf und für die Brettlbühne entschied; sich nicht dem lukrativen Angebot einer Volkssängertruppe anschloss, sondern Karl Valentin; mit diesem dann nicht die vom Publikum gewohnten Volkssängerabende bestritt, sondern etwas ganz anderes, bisher noch nie so Dagewesenes; und mit Valentin, der verheiratet war und blieb – aber nicht mit ihr –, eine Jahrzehnte währende Beziehung einging; und

als sie beschloss, als Schauspielerin ohne entsprechende Ausbildung eigene Wege zu gehen, sich in die angebotenen Hauptrollen, die Theatergrößen wie Therese Giehse schon verkörpert hatten, hineinzuarbeiten und darin zu brillieren.

Auf der Alm war sie furchtlos, kein Berg war zu hoch, kein Weg war zu weit, kein ausschlagendes Maultier zu gefährlich, auf gleich und gleich mit den Kameraden und doch anders. Sie ließ alle Ängste hinter sich und war lebensmutig. In seiner Biografie über Liesl Karlstadt zitiert Theo Riegler den Theaterkritiker Hermann Sinsheimer aus dessen Autobiografie *Gelebt im Paradies*: »Valentins Glück war, daß er in der kleinen rundlichen Liesl Karlstadt eine im Leben und auf der Bühne nie versagende Partnerin hatte (…). Aber da nun mal das Gespenstische, von dem Valentin besessen war, stärker war als das Menschliche, war sie es, die schließlich zusammenbrach, doch sie hat sich wieder derfangen und ihn überlebt.«

Als der Luftkrieg eskalierte, reiste Liesl Karlstadt im Oktober 1943 aus Sorge um ihre Schwester endgültig nach München ab. Am 26. Juli 1960 besuchte Liesl Karlstadt Ehrwald noch einmal, sie hoffte, dort Erika Mann in ihrem Haus anzutreffen. Weil sie sie nicht vorfand, schickte sie ihr eine Postkarte:

Liebe Frau Erika! Nun habe ich endlich ihr Häuschen von innen gesehen u. bin mehr als begeistert. Ich gratuliere. Den oberen Platz kann ich mir auch schon gut vorstellen u. ich bin überzeugt, dass Magnus auch das richtig hinkriegen wird u. wir alle uns öfters zwecks Gaudi mit Ihnen treffen. Zu schade, dass ich Sie jetzt nicht hier angetroffen, ich hoffe aber auf bald und bleibe mit herzlichen Grüßen Ihre Liesl Karlstadt.

Die Wettersteinhütte auf der Ehrwalder Alm während des Zweiten Weltkriegs. Sie diente als Stützpunkt der Gebirgsjäger.

Die einstige Hütte »Wettersteinwand«, in der die Gebirgsjäger stationiert waren, zeigt sich nahezu unverändert und ist wieder im Besitz des Bergsportvereins Oberammergau. Die Balken der Stube tragen heute noch die Inschrift aus der Kriegszeit: *Und setzt ihr nicht das Leben ein / Nie wird euch das Leben gewonnen sein*

1944 – Mai 1945
All die Fenster kaputt, unsere Wohnungstür entzwei gerissen

Ab dem 15. Januar 1944 stand Liesl Karlstadt wieder auf der Bühne des Münchner Volkstheaters, diesmal in der Rolle der Garderobiere Poldine in Zdeko von Kraffts Komödie *Die drei Jungfrauen von Orleans*, die von einem Tourneetheater handelt, das eine Kleinstadt mit der Aufführung von Schillers *Jungfrau von Orleans* beehrt. »Nach heftigem Krach und Gezänk hinter den Kulissen um die Rolle der ›Jeanne d'Arc‹ zwischen der ›Diva‹ und der tatendurstigen jugendlichen Naiven der Wanderbühne, greift resolut Poldine, die Garderobiere, ein, mit der Absicht, ›eine Jungfrau hinzulegen‹, die es in sich hat«, schrieb die *Münchner Illustrierte Presse*.

Das Publikum quittierte dies mit tobendem Beifall. In allen Presseberichten wird besonders die schauspielerische Leistung von Liesl Karlstadt hervorgehoben. Sie war im Frühjahr 1944 der Star einer harmlosen Intrigenkomödie, während um das Theater herum immer wieder Bomben niedergingen und die Stadt oft lichterloh brannte. Am 13. Juli 1944 fand das Spektakel dann ein jähes Ende: Das Münchner Volkstheater wurde während eines Bombenangriffs völlig zerstört und musste geschlossen werden.

Von diesem 13. Juli 1944 an bis nach Kriegsende im Oktober 1945 hatte Liesl Karlstadt keine Auftritte mehr. Nun war sie eine ganz gewöhnliche Münchner Bürgerin in einer zunehmend verwüsteten Stadt.

Das Jahr 1944 war bestimmt von der Zerstörung Münchens durch Kriegs-

Lisl Macheiner als
Diva, Margot Rupp
»junges Talent« Anli
und Liesl Karlstadt
als Poldine im
Theaterstück *Die
drei Jungfrauen von
Orleans*.

bomben. Der Alltag der Menschen bestand aus Fliegeralarm, Sirengeheul, Luft-
angriffen, dem Rennen in Luftschutzkeller, Luftschutzverordnungen und Ver-
dunkelungsbestimmungen sowie dem damit verbundenen dauernden Bangen ums
nackte Überleben. Der immer intensiver werdende Bombenkrieg radikalisierte das
tagtägliche Leben. Wer den Luftschutzbestimmungen nicht nachkam, mit Absicht
oder aus Versehen, wurde hingerichtet. Die Menschen versicherten sich gegenseitig
per Telegramm, dass sie überlebt hatten.

Am 18. März griffen erstmals amerikanische Flugzeuge München am Tag an.
Hierzu schrieb Liesl Karlstadt am 24. März 1944:

> *Meine liebe gute Norma! Ich danke Dir für Deine lieben Zeilen mit der Anteilnahme*
> *an unserem Geschick. Alli ist nichts passiert, das Luitpold ist nur 2 Tage geschlossen*
> *worden und ist wieder in Betrieb. (…) Unsere Wohnung hat nur Scheibenschaden, die*
> *Maximilianstraße ist schwer getroffen. Wir sind ohne Gas Wasser u. Telefon.*

Dieser Angriff forderte 172 Todesopfer, über 5000 Menschen wurden obdachlos, und
die Beschädigungen an Gebäuden waren immens.

In der Nacht des 25. April 1944 kam es zum bis dahin schwersten Luftangriff.
München wurde von 400 Flugzeugen aus bombardiert. Die Folgen waren verheerend,
die ganze Stadt brannte, und die Feuerschutzpolizei meldet 7100 Brandstellen. 136
Menschen starben, über 70 000 wurden obdachlos. Es gab kein historisches Gebäude
mehr in der Stadt, das nicht beschädigt war.

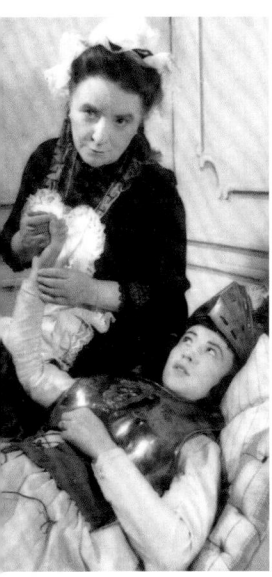

Am Angriff vom 13. Juli 1944, der auch die Zerstörung des Volkstheaters zur Folge hatte, waren etwa 1000 Flugzeuge beteiligt. Die Stadt brannte großflächig in der Gegend um den Hauptbahnhof, das Sendlinger Tor, die Sonnenstraße und das Krankenhausviertel. Auch andere Stadtviertel waren betroffen wie Schwabing, Haidhausen und die Au. Fünf Hauptwasserleitungen wurden getroffen, und es herrschte Wassermangel. Neben dem Volkstheater wurde unter vielem anderen auch das Künstlertheater im Ausstellungspark, der Goethesaal in Schwabing, das Kolosseum sowie das Innere der Glyptothek zerstört, der Chinesische Turm im Englischen Garten brannte, das Siegestor, die Akademie und das Lenbachhaus wurden massiv beschädigt. Im Goethesaal hatten Karl Valentin und Liesl Karlstadt im Jahr 1931 vergeblich versucht ein eigenes Theater in München zu etablieren, und im Kolosseum waren die beiden in den Jahren von 1930 bis 1934 regelmäßig aufgetreten.

München wurde zum Trümmerfeld, überall lodernde Feuer und beißender Rauch. »Ein paar Mal war ein Geräusch, als würden Raubvögel mit riesigen klirrenden Fittichen auf uns herabstürzen – es war für all die Hunderttausende, die wir in den Luftschutzkellern waren, ein schrecklich banges Gefühl, wie ein Warten auf den Tod«, schrieb der Schriftsteller und Zeichner Ludwig Rosenberger in sein Kriegstagebuch. Ganze Straßenzüge waren zerstört, zwei Drittel aller Wohnungen zerbombt. Überall suchten Menschen im Schutt nach ihren Habseligkeiten. Der Bombenhagel über München kostete 6000 Menschen das Leben, Zigtausende wurden obdachlos. Viele flüchteten aus der Stadt aufs Land. Norma Lorenzer kam

Ein nach einem
Bombenangriff 1944
zerstörtes Haus in der
Münchner Arnulfstraße

in Icking unter, Liesl Karlstadt und ihre Schwester Amalie fanden Unterschlupf in Planegg. Am 2. August 1944 schrieb Liesl Karlstadt von dort:

Liebste Norma! (…) Unsere Wohnung steht bis heute noch. Wir haben die Angriffe mitgemacht u. da es mir so schlecht ging, sind wir am Sonntag den 16. nach Planegg, da dürfen wir bei Bekannten in der Pasingerstr. 26 wohnen, ganz allein in einem Häuschen. In circa 10 Tagen müssen wir aber zurück nach München, wenn die Inhaber des Hauses von ihrer Reise zurück kommen. Jetzt geht es mir wieder besser. Wie lang Alli noch bei uns bleiben darf, ist ungewiss. (…) Nach den Angriffen schick ich Dir eine rote Eilkarte – ach wir waren ja so besorgt um Dich, Gottlob dass das bei Euch alles gut vorüber ging. (…) Meine letzten 3 Koffer, die im Kolosseumskeller waren, sind verbrannt.

Aber nicht nur die Bombardierung der Stadt setzte den Menschen zu, der Krieg als solches bestimmte das Leben vollständig. Ältere Männer, Jugendliche und selbst Kinder wurden als »letzte Reserve« bewaffnet und zum Kriegsdienst eingezogen. Auch Karl Valentin, damals immerhin schon 62 Jahre alt, erhielt eine Aufforderung, sich zum Wehrdienst zu melden. Alle Frauen und Mädchen, die in irgendeiner Weise arbeitsfähig waren, wurden als Arbeiterinnen in Rüstungsbetrieben eingesetzt. Liesl Karlstadt wurde am 11. September 1944 vom Arbeitsamt München, das für die Rekrutierung des Volkssturms und der Arbeiterinnen in den Rüstungsbetrieben zuständig war, aufgefordert, sich zu melden: »Sehr geehrte Frau Karlstadt! Auf

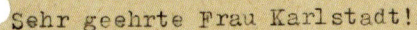

Sehr geehrte Frau Karlstadt!

Auf Anordnung des Gauleiters haben Sie sich bald=
möglichst in der Zeit zwischen 8 und 12 Uhr beim
Arbeitsamt München (Zimmer 131/I, Herrn Kadletz)
zu melden. Arbeitsbuch, sowie ärztliches Zeugnis
sind mitzubringen.

Wir bitten, dieser Aufforderung unbedingt nachzu=
kommen, da sonst ernstliche Unannehmlichkeiten für
Sie entstehen könnten.

Heil Hitler!

München, 11.9.1944

Anordnung des Gauleiters haben Sie sich baldmöglichst in der Zeit zwischen 8 und 12 Uhr beim Arbeitsamt München (Zimmer 131/I, Herrn Kadletz) zu melden. Arbeitsbuch, sowie ärztliches Zeugnis sind mitzubringen. Wir bitten, dieser Aufforderung unbedingt nachzukommen, da sonst ernstliche Unannehmlichkeiten für Sie entstehen könnten.« Ihrer Freundin Norma schrieb sie daraufhin: »Das Volkstheater ist zerstört und ich sollte sofort in die Rüstung, alle anderen sind bereits eingesetzt.« Doch der befreundete Arzt Dr. Baumüller ersparte ihr das und schrieb sie krank.

Die Briefe von Liesl Karlstadt an Norma Lorenzer sind die einzigen Dokumente, die erahnen lassen, wie es ihr in den Monaten nach August 1944 bis zum Kriegsende im Mai 1945 erging.

Planegg 5.X.1944

Meine liebe gute Norma!

Gerade die letzte Woche war ich in Gedanken bei Dir ununterbrochen, ich hatte das Gefühl, Du wärst sehr traurig u. machst Dir grosse Sorgen um die Zukunft. Immer wieder sagte ich das zu Alli!

Nun sehe ich wieder, dass auch Du so an mich gedacht hast, allerdings in ganz anderer Art, als ich annahm u. ich danke Dir für den erneuten Freundschaftsdienst.

Zu dumm, dass Du gerade auch noch in den Angriff hinein kamst u. die Strecke bis zum Isartalbahnhof eierbeladen zu Fuss machen musstest. (…) Also die Keferstrasse hats auch erwischt am 22ten. Nun weiß ich vom gestrigen Angriff noch wenig, aber es

Mit solchen Eilkarten teilt man sich gegenseitig das Überlebthaben mit.

Mit dieser Karte wurde Liesl Karlstadt vom Arbeitsamt München aufgefordert sich zu melden. Dies bedeutete für Frauen in der Regel, dass sie jetzt zur Arbeit in Rüstungsbetrieben herangezogen werden.

muss schlimm gewesen sein. Hoffentlich warst Du in Icking. (…) Alli ist noch bei mir
– die Maria mussten wir melden, sie ist vorläufig bei ihren Eltern. Das Volkstheater
ist zerstört u. ich sollte sofort in die Rüstung, alle anderen sind bereits eingesetzt.
Dr. Baumüller, der übrigens ein grossartiger Arzt u. Mensch ist, meldete mich krank
vorläufig u. rät, solange es geht in Planegg zu bleiben. In dem schönen Häuschen wohnen
wir nicht mehr, da die Besitzer zurückgekommen sind u. wirklich kein Platz mehr
wäre. Wir hausen in einem sehr primitiven Zimmer mit einer geliehenen Kochplatte –
aber ein kleines Öfchen zum Feuer machen ist auch da. Alli will nicht mehr hier bleiben
u. möchte wieder in ihr Geschäft – aber alleine getrau ich mir weder in Planegg, noch
in der Maximilianstr zu bleiben. Norma wir wissen keinen Rat mehr, wo soll ich blos
hin, denn es werden noch Monate vergehen, bis es mir anders geht. Weisst Du einen
Ausweg? Bitte überleg es Dir.
Wie ist es mit Dir, musstest Du Dich auch melden? Zu viel gäbs zu fragen u. zu bespre-
chen u. man kann sich kaum treffen. Oder wolltest Du uns hier einmal besuchen, das
wäre schön. (…)
Ich habe dreimal so Angst vor dem Winter wie noch nie – wir werden hungern u.
frieren müssen. Alli meint wir sollen jetzt bleiben, bis das kalte Wetter kommt u. dann
in die Stadt gehen. Was wird dann wohl sein?
Ich bin so froh, von Dir ein Brieflein zu haben, u. sage Dir nochmals Dank für Deine
Liebe u. Mühe. Bleibe behütet Du Gute. Grüss mir Brigitte. Du aber sei umarmt, auch
von Alli, besonders aber von
Deiner getreuen
Liesl
Unsere Anschrift ist Planegg, Georgenstr. 8

11.II.45
Meine liebe gute Norma!
Gestern Samstag sind Alli u. ich nach Schwabing gezogen, um frecher Weise uns einen
Rucksack voll Kartoffeln zu holen bei Dir.
Eine elegante Frau (die Schwester von Frau Gulbransson) liess uns ein u. sagte uns,
dass Du sie schon unterrichtet hättest von unserem Kartoffel-Raub. Sie hatte es gerade
sehr eilig, da sie zur Bahn musste u. hätte mir den Schlüssel gegeben, den ich zu Frau
Wieland glaube ich, bringen hätte sollen. Aber das wollte ich nicht, so allein in Deinem
Hause zu sein u. wir beeilten uns sehr, dass wir noch vor der Dame das Haus verließen.

Im Keller mit Licht wusste ich ja Bescheid – u. sonst sagte mir die Dame ich soll von den Kartoffeln links nehmen, das seien die Deinen. Allzuviel hast Du ja selbst nicht u. jetzt haben wir Dir davon 24 Pfund genommen. Wir haben zuhause gewogen. Hoffentlich bist Du nicht böse darüber. Wegen der Eier getraute ich mir nichts zu sagen, weil Du nicht selbst da warst. Auch hätte ich nicht gewusst, welche Dir gehören. Vielleicht darf ich mir diese holen, wenn Du wieder in München bist. Jedenfalls danken wir Dir herzlich für Deine Erlaubnis u. sind froh, wieder Kartoffeln zu haben. Denk Dir, das Zimmer in Planegg müssen wir wieder abgeben. (…)

Als ich im Kefernest war, kam eine solche Sehnsucht nach Dir über mich u. ich gedachte dankbarst der vielen Stunden die ich durch Dich dort erleben durfte, in denen Du mir über manch schwere Zeit hinweg halfst. Dafür drücke ich Dir Du Gute die Hände u. verbleibe mit den besten Wünschen u. herzlichem Dank Dich grüssend auch von meiner guten Alli

immer

Deine

Liesl Karlstadt

26.II.45

Liebste Norma!

Nochmals danken wir Dir für Deinen so lieben Besuch u. Deine Hilfe. Den schweren Angriff, den wir stark i/Keller verspürten, überlebten wir wieder einmal. All die Fenster kaputt, unsere Wohnungstür entzwei gerissen, sie lag auf der schönen Kommode, auch die lb. Pieta hat etwas abgekriegt – schade. Wir hatten gestern keinen geschlossenen Raum u. haben bis in die Nacht gearbeitet. (…)

Dr. Baumüller kam eine Stunde nach dem Angriff zu uns, um nachzuschauen, ist das nicht lieb von ihm. Dr. Christ hat uns einen Oberst geschickt, der will uns helfen, einige Sachen weg zu bringen.

Also einige treue Menschen, zu denen Du in erster Linie gehörst, gibt es noch auf dieser Welt u. diese Tatsache lässt einem die grauenhafte Zeit wieder ertragen.

Nun nochmals unseren Dank für Deine Liebe u. sei bis zum baldigen Wiedersehen herzlichst gegrüsst von Alli u. besonders von

Deiner

Liesl Karlstadt

Mai 1945 – 1960
Bis zum Ende

Am Montag den 30. April 1945 gegen vier Uhr nachmittags besetzten amerikanische Truppen den Münchner Marienplatz, München war befreit, die Schrecken des Krieges hatten ein Ende. Die meisten Münchner erlebten das Kriegsende zunächst als Erlösung, viele feierten.

Der Blick der Menschen richtete sich nach vorne, Vergangenheitsbewältigung stand nicht zur Debatte. In der großen Not aus Hunger, Entbehrung, Mangel und zerstörtem Wohnraum wollten die Leute in der wiedergewonnenen Freiheit lachen und tanzen. Vor den Tanzlokalen standen die Menschen Schlange. Ein neues, »amerikanisches« Lebensgefühl machte sich breit. Amerikanische Bars und Clubs, Jazz und Coca Cola bestimmten nun das Leben der Münchner, besonders das der jungen. Auch die Kinos waren wieder geöffnet. Am 13. November 1945 berichtete die *Süddeutsche Zeitung*: »München hat wieder 14 Lichtspieltheater mit einem Fassungsraum von ungefähr 5000 Sitzplätzen.« Auf dem Programm standen hauptsächlich amerikanische Filme. Aber auch die volkstümliche Unterhaltung erfreute sich außerordentlicher Beliebtheit.

Als eine der ersten Bühnen in München eröffnete am 7. Oktober 1945 das Volkstheater mit zwei Spielstätten, zum einen in den Kammerspielen im Schauspielhaus, das neben dem Prinzregententheater das einzige nicht zerstörte Theater Münchens war, und zum andern im Postsaal in Pasing. Gezeigt wurde *Sturm im*

Wasserglas. Liesl Karlstadt spielte darin neben Adolf Gondrell, Willem Holsboer und Hans Pössenbacher die Hauptrolle, nämlich die der Frau Vogl, in der sie schon 1930 bei ihrem Debüt als Theaterschauspielerin ohne Valentin geglänzt hatte.

Alfred Dahlmann beginnt seine Zeitungskritik »Sturm im Wasserglas. Neues Gastspiel des Volkstheaters in den Kammerspielen« mit den Worten:

Ich glaube, dass der größte Teil der Theaterfreunde heute nicht mehr ›abgelenkt‹ sein, sondern ganz im Gegenteil hingeführt werden will. Und zwar zu den Flammenstößen selbst, an denen sich unsere Zeit nun endlich reinigend und läuternd entzündet. Der Mensch so gewaltiger Umbruchswochen, wie wir sie jetzt durchleben, will Fragen stellen und Antworten haben. Auch das Theater sollte eigentlich die Zeit spiegeln, scharf spiegeln, scharf in Kontur und scharf in der Tönung. Der Ruf: Theater an die Front! Er geht ja nicht an Liebhaber von Schaukelstühlen und Pfänderspielen, sondern geht an Künstlergemeinschaften, die wir unter den Avantgardisten sehen möchten! Aber es scheint, den Spielplänen nach, schwer zu sein, sich aus den Schaukelstühlen aufzuschwingen in jene frischere Luft des Zeitgeistes, von dessen Dasein wir im Zuschauerraum nun allmählich etwas merken wollen.«

Und er fährt fort:

Bruno Franks Komödie kommt aus dem Weichbild unserer Stadt, und zwar gerade dorther, wo sie am weichsten ist. Münchens Hunderln und ihre Familienverhältnisse bilden bekanntlich ein Herzkapitel der Stadt. Das wusste auch Bruno Frank. Und so schrieb er seine Komödie für München und für die – Münchnerinnen. Und damit ist das Stichwort gegeben. Wenn man nun noch sagt, dass Liesl Karlstadt die Hauptrolle, die Blumenfrau Vogl, spielt, und wie sie diese Rolle (sie könnte nur für sie geschrieben sein) zu einem Charakterbild dessen erhöht, was man populär ›das goldene Münchner Herz‹ nennt, dann weiß man, wie sehr diese Aufführung ins Schwarze trifft. Die Karlstadt füllt die Bühne, sie bringt Spannung, auch wenn gar nichts vorgeht: wie steht sie beispielsweise nur da, diese kleine lebfrische Person auf den zwei kurzen stämmigen Beinen, sie trägt ihre Wut mit sich, man könnte malen wie sie wohnt, wie sie lebt und ihren bescheidenen Platz in der großen Welt tapfer behauptet, die Blumenfrau Vogl, für die ein Hundsviecherl um keinen Deut weniger ist als ein Herr Stadtrat oder ein Amtsrichter.

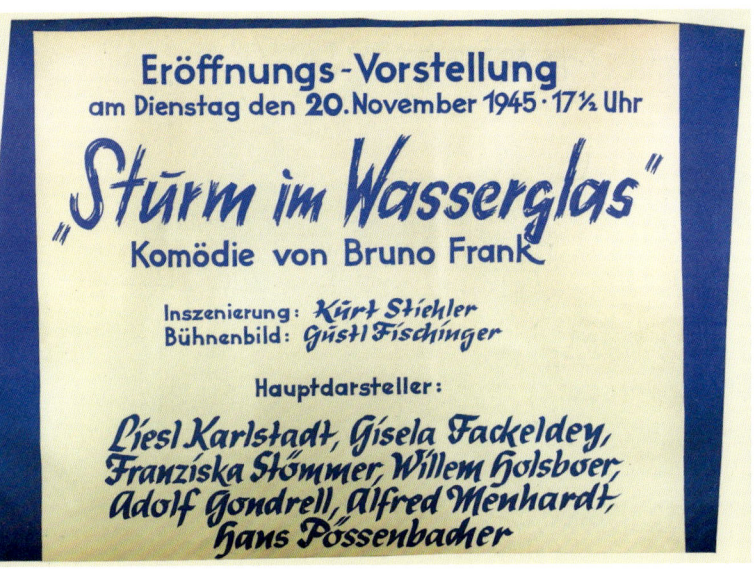

Die Karriere der Liesl Karlstadt als Theaterschauspielerin ging grandios weiter. Auch der Rundfunk rief sie wieder. Und erneut wird sie wieder krank. Am 17. Juni 1946 schrieb sie an Raimund Lorenzer, den geschiedenen Ehemann ihrer Freundin Norma:

Lieber Raimund! Ich selbst lag jetzt 2 Monate im Landsberger-Krankenhaus, mit Magen und Zwölffingerdarmgeschwür, sowie einem Gallenleiden. Nach der Kur, die der dortige Arzt mit mir machte, geht es mir sehr anständig. Unser lieber Dr. Christ lud mich ein, zu ihm nach Pfronten zu kommen und ich warte täglich auf seinen Bescheid wann ein Bett frei ist, um zur Nacherholung nach dort zu gehen.

Vom 26. Juni bis 30. September 1946 unternahm Liesl Karlstadt mit dem Stück *Das schwedische Zündholz* eine ausgedehnte Tournee durch 56 bayrische Städte. In deren Verlauf kam sie am 22. August 1946 zu ihrer großen Freude auch nach Regen im Bayerischen Wald. Hierzu schrieb sie unter der Überschrift »Endlich einmal: Bayerischer Wald!« in ihr Bühnenalbum:

Als mir die Theaterdirektion die Liste der Städte vorlegte, in denen wir in der nächsten Zeit spielen sollen, las ich: Zwiesel, Bay. Wald. Mein Gott, da könnte ich auch nach Regen fahren! Wieso, fragte mein Kollege mit jenem verständnisvollen Blick. Haben Sie da Beziehungen? Jawohl! In Regen ist mein Großvater, der bekannte Orgelbauer Ludwig Edenhofer geboren, hat dort und in der Umgebung

Plakat für Bruno Franks Komödie *Sturm im Wasserglas*, in der Liesl Karlstadt als Frau Vogl zu erleben war

gewirkt und ist auch dort gestorben. Mein Herzenswunsch war immer eine seiner Orgeln spielen zu hören. Wie oft hat man uns als Kinder von diesen Wunderwerken erzählt. Und nie war es mir vergönnt dorthin zu kommen. Warum? Ja, kennen Sie das Tagesprogramm einer Schauspielerin, zumal einer, die noch wie ich so viel auf Reisen sein muss? Die persönlichen Wünsche gehen einem bei diesem Beruf nur selten in Erfüllung. Oder werde ich dieses Mal Glück haben? Regen und der Bay. Wald sollen der Anfang dazu sein!

Wie mühsam und kompliziert das Veranstalten einer Theatertournee im unmittelbaren Nachkriegsdeutschland war, zeigt der Wortlaut dieser Bescheinigung:

Bestätigung. Es wird bestätigt, dass die Gastspieldirektion Landsberg, zu der Wellano, Elisabeth, Liesl Karlstadt als Schauspielerin gehört, bis zum 18.9.1946 im Gebiet von Traunstein eine Gastspieltournee durchführt. Zur Aufführung gelangt das Lustspiel Das schwedische Zündholz von Ludwig Hirschfeld. Die Gruppe ist bis zum 18.9.1946 in Ruhpolding stationiert, so dass die einzelnen Mitglieder erst am 19.9.1946 zu ihren Wohnsitzen zurückkehren können, um dort die neuen Kennkarten in Empfang zu nehmen. Es wird gebeten, die Inhaber des Schreibens bei ev. Kontrollen ungehindert passieren zu lassen.

Von dieser Tournee schrieb Liesl Karlstadt am 17. September 1946 an ihre Freundin Norma:

Auf meiner anstrengenden Tournee bin ich auch nach Ruhpolding gekommen, wo es sehr schön ist. Leider habe ich nichts von den Bergen, weil ich erst um 3 Uhr ins Bett komme, – immer nach der Vorstellung noch fahren. Aber die Menschen freuen sich alle so, dass man Hunger u. wenig Schlaf gern in Kauf nimmt.

Am 17. Oktober 1946 nahm sie auch wieder die Zusammenarbeit mit Karl Valentin auf. Zunächst machten sie gemeinsam Rundfunkaufnahmen. Doch Valentins Geschichten kamen bei den Hörern nicht mehr an. Wütende Zuhörerbriefe veranlassten die Verantwortlichen des Rundfunks, auf eine weitere Zusammenarbeit mit Valentin zu verzichten. Liesl Karlstadt jedoch blieb eine beliebte Rundfunkstimme. Am 27. Oktober. 47 schreibt sie an ihre Freundin Norma:

Liebste Norma! Nun meinen Dank für Dein so liebes Kärtlein. Alles was von Dir kommt, bringt so viel Liebe mit. Dass Dir unsere Radio-Sendung gefiel, freut mich sehr. Ja schade – dass es ganz anders ging, als wir dachten u. nicht nur die 5 neuen, sondern alle 7 neuen Texte abgelehnt wurden.

Im September 1947 standen Liesl Karlstadt und Karl Valentin das erste Mal nach sieben Jahren wieder gemeinsam auf der Bühne, zum letzten Mal am 31. Januar 1948 im Kabarett *Der Bunte Würfel*. Am 9. Februar 1948 starb Karl Valentin an den Folgen einer Lungenentzündung.

Nun begann endgültig die »zweite Karriere« der Liesl Karlstadt. Der Tod

Karl Valentin und Liesl Karlstadt bei ihrem letzten gemeinsamen Auftritt im Bunten Würfel am 31. Januar 1948. Hier holte sich Karl Valentin die Lungenentzündung, an deren Folgen er am 9. Februar 1948 verstarb. Zu diesen Fotos schrieb Liesl Karlstadt am 7. März 1948 an Norma Lorenzer: »Dir danke ich auch noch nachträglich für den süssen Gruß, den Du mir durch Alli schicktest – sowie auch für die Photos, die Frl. Rollo mir durch Dich sandte. – Wenn dieselben auch nicht sehr scharf sind, bedeuten sie mir doch viel, weil es die letzten Aufnahmen zusammen mit Karl Valentin sind.«

Valentins war für sie ein Schock. Natürlich hatte sie sich in den Jahren zuvor als Volksschauspielerin und beliebte Rundfunkstimme einen Namen gemacht, doch der Tod ihres zwar schwierigen, aber dennoch einzigartigen und geliebten Bühnenpartners bedeutete für sie, jetzt auf eigenen Füßen stehen zu müssen. Auch wenn es den Anschein hatte, die große Krise ihres Lebens wäre überwunden, überkamen sie dennoch immer wieder Anfälle tiefster Depression. Sie hatte Angst zu scheitern. Wie sollte sie ohne Valentin ihr kreatives Potenzial je wieder zur Geltung bringen können? Zudem hatte sie es nie verstanden, sich selbst in Szene zu setzen, und deshalb das Gefühl, alles annehmen zu müssen, was sich ihr bot. Und Angebote gab es.

Bereits im März spielte sie »quick und kregel«, wie die *Neue Zeitung* am 11. März 1948 berichtete, als »Naive einer Provinzbühne« in dem Stück *Rendezvous um Mitternacht* von Anouilh in der Kleinen Komödie. Am 7. März 1948 schrieb Liesl Karlstadt in der Garderobe des Theaters hierzu an ihre Freundin Norma:

> *Ja dann freute ich mich so Dich mit Alli im Theater zu wissen – nicht nur das, es beruhigte mich auch sehr. Dass ich Dir gefiel, ehrt mich – die Rolle kann leider nicht mehr geben was komische Wirkung betrifft – es ist eben einmal was anderes.*
> *Ob das Stück eine Zugkraft für die Masse ist, bezweifle ich. Wollen wir mal die Presse abwarten.*

Und die Presse war voll des Lobes. Das *Münchner Tagebuch* schrieb am 13. März: »Das Publikum in dem boudoirhaften Theaterchen, darin man bequem die Füße auf die Bühne legen kann und selbst in der neunten Reihe noch ganz vorne sitzt, wird aufs angenehmste unterhalten. Dies ist vor allem Liesl Karlstadt zu danken, dieser liebenswerten, kleinen, großen Darstellerin. Eine ideale Besetzung.« In ihrem Brief vom 7. März an Norma schreibt sie weiter:

> *– ach wie dankbar bin ich doch für jedes gute Wort. Und Dir liebe Norma muss ich sagen, wie sehr dankbar ich Dir für Deine treue Freundschaft bin – Du bist die treuste von Allen.*

Die Monate nach Karl Valentins Tod waren für Liesl Karlstadt eine sehr schwere, unsichere Zeit. Doch das Leben musste weitergehen. Ab Juni 1948 folgt die Hauptrolle als Mama im Stück *o.k. Mama. Ein Münchner Stück in drei Akten* an der Seite

von Alfred Pongratz im Volkstheater im Bayerischen Hof. Am 28. Juni 1948 schrieb sie dazu:

Liebste gute Norma! Wie hab ich mich über die Anwesenheit Deiner Person im Theater gefreut. Glaube mir, auch ich wäre glücklicher in einer anderen (literarischen) Rolle. So bin ich aber im Augenblick doch dankbar um diese Tätigkeit.

Am 11. August 1948 trat sie im Rahmen eines bunten Abends in der Gaststätte Hirschau zum ersten Mal an der Seite von Michl Lang im Sketch *Im Wirtschaftsamt* auf.

Diese drei Ereignisse illustrieren beispielhaft den Weg, den die »zweite Karriere« der Liesl Karlstadt nehmen sollte. Egal, wo sie auftrat und wie klein und nebensächlich ihre Rollen auch waren, stets überschlugen sich die Kritiken mit den immer gleichen Wendungen: »diese liebenswerte, kleine, große Darstellerin«. Die wichtigste und umfassendste Rolle, die sie in ihrer »zweiten Karriere« zu spielen hatte, war die der Mutter, die »Mama« – und als das hat man sie auch in der Öffentlichkeit gesehen. Sketche bei bunten Abenden zu spielen, wurde ihr Hauptbroterwerb. In Hunderten von Aufführungen reiste sie im Rahmen von Tourneetheater-Veranstaltungen monatelang durch Bayern, und war überall, wo sie hinkam, der gefeierte Star und der uneingeschränkte Liebling des Publikums. Und mit Michl Lang hatte sie einen neuen Bühnenpartner gefunden, der sie bis zu ihrem Lebensende in zahllosen Rollen begleiten sollte.

Liesl Karlstadt war die beliebteste Münchner Volksschauspielerin der 1950er-

Karikatur zu *Witwen*

Liesl Karlstadt mit
Hans Cossy und Hans
Baur im Theater-
stück *Witwen* von
Ludwig Thoma, Resi-
denztheater 1958

Jahre. Doch für sie persönlich war der Weg dahin ein mühsamer. Sie musste sich an die neuen Rollen erst gewöhnen. Theo Riegler schreibt in seiner Liesl-Karlstadt-Biografie:

Anfangs fiel es Liesl Karlstadt schwer, nach den zahllosen Hosenrollen plötzlich als Frau zu erscheinen. ›Das ist mir ganz komisch vorgekommen, dass ich auf einmal eine Frau sein soll‹, erzählte sie. ›Zuerst hab ich direkt Hemmungen gehabt, eine Bluse und einen Rock anzuziehen, weil ich so an die Hosen und die männlichen Perücken und Bärte gewöhnt war.‹ Es ist gewiss nicht ohne Reiz, dass gerade sie es war, die sich zum Urbild der mütterlichen und hausfraulichen Münchnerin entwickelte.

Im Frühjahr 1949 erkrankte Liesl Karlstadt an einer schweren Lungenentzündung. Die Münchner *Sonntagspost* berichtete darüber: »Wissen S', auf der Bühne, da hab i halt die Schneid, aber nachher ist alles wieder vorbei. Und i muss mich ehrlich plagen.«

Valentin fehlte ihr sehr. Immer wieder litt sie an Selbstzweifeln, immer wieder wurde sie von Depressionsanfällen eingeholt. Walter Fiedler, der mit Liesl Karlstadt im Rahmen von Veranstaltungen der Konzertdirektion Kempf auf Tournee ging, erzählte von ihren schwankenden Gemütszuständen. Liesl Karlstadt, befand er, sei eine ruhige, zurückgenommene und gegenüber allen Kollegen sehr fürsorgliche und liebevolle Person. Doch von Zeit zu Zeit bemerke man, wie ihr Wesen zunehmend immer sprunghafter, wie sie zunehmend überschwänglich, aufgekratzt, fast kindisch und mitunter sogar regelrecht ordinär geworden sei, etwas, das man nie von ihr

Liesl Karlstadt in der
Revue *Feuerwerk* von
Erik Charell im Theater
am Gärtnerplatz, 1950

vermutet hätte. Und dann sei sie plötzlich am nächsten Tag nicht zur Probe erschienen, und es hieß, Fräulein Karlstadt sei im Krankenhaus. Nach ein, zwei Wochen sei sie dann wieder da gewesen und wieder die Seele von einem Menschen, so wie man sie kannte.

Es wäre müßig, alle Theaterstücke aufzuführen, in denen Liesl Karlstadt in den 1950er-Jahren mitwirkte. Ein Höhepunkt dieser Bühnenkarriere war sicherlich die Rolle der Balbina Buhlheller in Marieluise Fleißers Komödie *Der starke Stamm* in den Münchner Kammerspielen, die sie von Therese Giehse übernahm. »Es gibt keine Bessere, sagt Therese Giehse«, schrieb hierzu das *Abendblatt* am 2. Dezember 1950. Auch in Stücken von Ludwig Thoma stand Liesl Karlstadt immer wieder auf der Bühne, zuletzt 1958 in *Witwen* im Residenztheater. »Dass Liesl Karlstadt die durch die Bearbeitung vermiefte Haushälterin Viktor wieder ins richtige Lot brachte und ihr zu einem darstellerischen Sieg verhalf, versteht sich fast von selbst«, schrieb ein Kritiker.

Ein weiteres Standbein ihrer »zweiten Karriere« war der Film. Die Internet-Seite filmportal.de führt 27 Spielfilme auf, in denen Liesl Karlstadt zwischen 1949 und 1959 mitwirkte. Wirklich große Rollen waren keine dabei, hauptsächlich wurde sie als Haushälterin, Köchin und Ehefrau von Nebendarstellern besetzt. Doch auch wenn die Rollen in den Filmen oft klein und nebensächlich waren, für jede Filmproduktion, in der sie engagiert war, bedeutete ihr Mitwirken Werbewirksamkeit, und in vielen Pressemitteilungen zu den Filmen wird sie in der Überschrift herausgehoben.

In einem Zeitungsartikel, eingeklebt in Liesl Karlstadts Bühnenalbum 4 und betitelt mit: »Liesl Karlstadt: Ich und der Film«, erzählte sie 1952 über ihre Erfahrungen als Darstellerin in Heimatfilmen.

> *Zu dem traurigen Kapitel Heimatfilm kann ich leider (oder Gott sei Dank) nur sehr wenig sagen, weil ich erst bei drei von solchen Filmen dabei war. (...) Die Herren, die solche bayerischen Heimatfilme produzieren, halten mich entweder für eine Nachwuchsschauspielerin oder für eine hochdeutsche Salondame, weil ich nicht so gscheert bin, wie sie gern möchten. Deshalb hab' ich mir jetzt a kloans Biachl kauft, ›1000 Worte Bayrisch‹, da stehn die ganzen Flüche und Kraftausdrücke drin, die man für einen ›zünftigen‹ Heimatfilm braucht. Wenn ich die gelernt hab', meld ich mich wieder bei der Filmfirma. (...) Meine letzte Erfahrung war der Hofbräuhausfilm, wo ich die Wirtin gespielt hab'. Wie der gedreht wor'n is hat mich gleich eine dumpfe Ahnung gepackt und i hab gs'agt: wenn die Bayern in dem Film nur nasenbohren und kammerfensterln, wenn's wieder so saufen, raufen und fluachen und sich gegenseitig mit ›Rindvieh‹ und ›Dreckhammel‹ titulieren, da mach i net mit. ... Aber erstens kommt es anders, zweitens als man denkt. Trotz der Zusicherungen ham's aus den Bayern wieder a Karikatur gmacht, an Hanswurscht'n für die preußischen Zaungäst. Gleich wie ich's erste Mal mein Mann, dem Hofbräuhauswirt, auf der Hofbräuhausterrasse das Frühstück serviert hab', war er betrunken. Dass a Wirt an Rausch hat, kann ja einmal vorkommen, aber dann hab ich zu meinem Entsetzen gemerkt, dass der Kerl laut Drehbuch dauernd bsoffen war. (...) Eines hätt ich zum Schluss beinah vergessen: wenn Sie mich über meine persönlichen Heimatfilm-Empfindungen ausfragen, so ist meine persönlichste Empfindung die, dass ich für den Hofbräuhausfilm noch dreihundertdreizehn Mark und zwanzig Pfennig zu bekommen habe.*

Letztlich hatte Liesl Karlstadt sich dann doch immer wieder breitschlagen lassen, Nebenrollen in derartigen Filmen zu übernehmen. Es waren jedoch auch einige wirklich seriöse Filme dabei, in denen sie mitgewirkt hat. Im Spielfilm *Nach Regen scheint Sonne* (1949) spielte sie an der Seite von Sonja Ziemann, Gerd Fröbe und Beppo Brem die Frau des Bürgermeisters, den Willy Reichert darstellte. In der Verfilmung von Erich Kästners *Das doppelte Lottchen* (1950) war Liesl Karlstadt die Frau Wagenthaler, die Gemüseladenbesitzerin. *Das doppelte Lottchen* wurde im Nachkriegs-Deutschland als erster Film mit dem Bundesfilmpreis ausgezeichnet. Der Film *Die Trapp-Familie* (1956) mit Ruth Leuwerik und Hans Holt, in dem Liesl Karlstadt die Nonne Raphaela spielt, wurde zu einem der größten Publikumserfolge

1. Liesl Karlstadt und Gerd Fröbe im Film *Nach Regen scheint Sonne*
2. Liesl Karlstadt als Hofbräuhauswirtin im Film *In München steht ein Hofbräuhaus*, 1951 **3.** Filmplakat *Du bist nicht allein*
4. Liesl Karlstadt mit Hans Holt im Film *Trapp-Familie*, 1956
5. Liesl Karlstadt in einer Zwischenszene im Film *Lachkabinett*, 1953 **6.** Filmplakat *Das doppelte Lottchen*

der deutschen Filmgeschichte überhaupt. Auch Filme wie das Kriegsheimkehrer-Drama *Du bist nicht allein* (1949), unter der Regie von Paul Verhoeven mit Carola Höhn und Peter Pasetti, *Das letzte Rezept* (1952) mit O. W. Fischer und Heidemarie Hatheyer, in dem Liesl Karlstadt eine kleine Nebenrolle spielte, oder *Wir Wunderkinder* (1958) mit Hansjörg Felmy und Johanna von Koczian waren bemerkenswerte Filme der Nachkriegszeit. 1953 stellte Willem Holsboer unter dem Titel *Lachkabinett* fünf Valentin-Karlstadt-Kurzfilme zu einem abendfüllenden Spielfilm zusammen, verbunden durch kleine Spielszenen, in denen Liesl Karlstadt den Jahrmarktsausrufer gibt.

Doch im Zentrum von Liesl Karlstadts »zweiter Karriere« standen ihre Auftritte im Rundfunk. Durch diese wurde sie in den 1950er-Jahren zum ersten weiblichen bayrischen Medienstar. Bereits 1948 wirkte sie in der ihr höchst vertrauten Rolle als Frau Vogl in der Hörspielfassung von *Sturm im Wasserglas* mit. Theo Riegler, der die Unterhaltungssendung *Rieglers Nudelbrett* präsentierte, lud sie immer wieder als Sketchspielerin ein, oft an der Seite von Michl Lang. Ihr Durchbruch zum absoluten Rundfunk-Liebling war jedoch, als sie am 3. Juli 1949 Maria Stadler als Frau Resi Brumml in den *Brumml-G'schichten*, der damals populärsten Sendereihe des Bayerischen Rundfunks, ablöste. Kurt Wilhelm, der Autor und Regisseur der *Brumml-G'schichten*, schrieb dazu:

Maria Stadler hatte sich nicht, wie die anderen Brummlstars, zur Eigenart entwickeln können. Sie war vom Stimmtyp zu wenig herzlich (so gutmütig sie privat war) und

sie immer nur als Zankeisen einzusetzen, das den Pantoffelhelden Xaver beherrscht, war für unsere Geschichten auf Dauer zu wenig ergiebig. Liesl Karlstadts gutmütige Herzlichkeit, aber auch ihre Vernunft waren den Zuhörern leichter zu vermitteln. Ich hatte mich lange nicht getraut sie zu fragen, ob sie die Rolle annähme. (...) Durch ihre Persönlichkeit und ihren Ton verschoben sich die Gewichte. Es kam mehr Menschlichkeit, Intelligenz und eine gewisse frauliche Güte dem Xaver gegenüber in die Skripte.

Ab jetzt war sie aus den Unterhaltungssendungen des Bayerischen Rundfunks nicht mehr wegzudenken. In der Sendereihe *Weiß-blaue Drehorgel*, einem bunten Abend mit vielen bekannten Rundfunkstars, der an verschiedensten Orten in Bayern aufgezeichnet wurde, war sie der weibliche Publikumsliebling. Und in zahllosen Hörspielen glänzte sie durch ihre einfühlsame Interpretation der jeweiligen Rolle.

Bereits in den 1930er Jahren war Liesl Karlstadt immer wieder im Familien- und Frauenfunk aufgetreten. Das setzte sie nach 1948 fort. 1952 startete der Bayerische Rundfunk eine neue Sendereihe, *Meisterhausfrau – Haushaltslehrling*. Autorin war Ernestine Koch. In ihrem Buch *Liesl Karlstadt. Frau Brandl, die Rolle ihres Lebens* erinnert sie sich: »Ilse Weitsch, Leiterin des damals noch ›Frauenfunk‹ genannten Familienfunks, hatte einen kriegsbedingten Nachholbedarf in Haushaltsführung bei den Hörerinnen entdeckt und wollte ihnen helfen.« Die *Rundfunkzeitung* verkündete:

Der Frauenfunk des Bayerischen Rundfunks beginnt heute eine neue Sendereihe mit dem Titel ›Meisterhausfrau – Haushaltslehrling‹. (...) Wenn Sie zu denen gehören,

Liesl Karlstadt als Therese Brumml in der Brumml-G'schichten Folge *Der schwarze Einser* mit Elfi Pertramer als Nichte Kathi Hütterer, Michl Lang als Xaver Brumml und Rudolf Vogl als Anton Wurmdobler, 1950

Liesl Karlstadt in der Radioserie *Familie Brandl* mit Ilse Sisno als Haushaltstochter Gisela, Manfred Eder als Sohn Ferdl, Maria Stadler als Zugehfrau Kneidl und Hans Pössendorfer als Vater Brandl bei einer öffentlichen Aufführung am 17. Oktober 1956 im Kongresssal des Deutschen Museums.

denen keine Mutter mehr das richtige Waschen und Bügeln hat zeigen können und die verzweifelt vor überquellendem Reis und leerem Geldbeutel stehen, wird Ihnen die Frau Brandl zugleich mit der Gisela manch freundschaftlichen und viele praktische Hinweise geben können. Dass die Meisterhausfrau durch Liesl Karlstadt verkörpert wird und dass Gisela, unser hauswirtschaftlicher Lehrling, eine waschechte Schlesierin ist, wird Ihnen dafür Garantie sein, dass es nicht strohtrocken in diesem hauswirtschaftlichen Kurs zugehen wird. (…) Der heiße Pudding darf nicht so ohne weiteres in die Glasschüssel, sonst kann man ihn von der Tischplatte direkt essen. Ein feuchtes Tuch darunter, das genügt! Freilich: man muss es wissen.

Die Sendung war jeden Donnerstag um 8:30 Uhr zu hören und wurde zu einem riesigen Publikumserfolg. Immer wieder gingen in der Rundfunkredaktion Anfragen ein, in denen sich junge Frauen um eine Lehrstelle bei Frau Brandl bewarben. Der ungeheure Erfolg dieser Sendung veranlasste die Verantwortlichen des Bayerischen Rundfunks, aus dem *Haushaltslehrling* eine Familienserie zu machen. Ab 1956 war nun jeden zweiten Samstag um 16:40 Uhr die *Familie Brandl* zu hören. »Das besonders Liebenswerte an dieser Funkfamilie ist, dass sie vollkommen ›normal‹ ist. Was ihr passiert, kann jeden Augenblick jede andere Familie in München auch erleben, und so, wie die Brandls reagieren, sich mit ihren Problemen auseinandersetzen, machen es täglich zahllose echte Familien.« (*Rundfunkzeitung*).

Liesl Karlstadt spielte die Frau Brandl nicht nur, im Bild der Öffentlichkeit war sie es auch – die gutmütige und geduldige Mutter, die auf alle Fragen des Lebens eine

Antwort wusste. Ihre Darstellung dieser Figur wurde von den Hörern als so lebensnah empfunden, dass Fiktion und Realität oft ineinander verschmolzen. »Bald wurde Liesl Karlstadt auf der Straße nur noch mit ›Frau Brandl‹ angesprochen und nach dem Wohlergehen ihrer Familie gefragt«, erzählt Theo Riegler.

Ihre ungeheure Popularität und ihr Image als »Meisterhausfrau« machten sie auch zu einer idealen Werbefigur. Sie machte Reklame für Pfanni-Knödel, für den Lebensmittelhändler Meyer, für die Firma Dallmayr, für Malzkaffee und so manches mehr – im ersten Werbespot, der je im deutschen Fernsehen gezeigt wurde, warb Liesl Karlstadt zusammen mit Beppo Brem für das Waschmittel Persil. Und im allerersten Fernsehfilm des Bayerischen Fernsehens, *Vater Seidl und sein Sohn*, spielte sie an der Seite von Michl Lang die weibliche Hauptrolle.

Selbstredend war Liesl Karlstadt im München der 1950er-Jahre eine gern gesehene Persönlichkeit des öffentlichen Lebens. Keine bedeutende Veranstaltung, auf die sie nicht eingeladen gewesen wäre. »Man lasst sie ja net amal essen, die Liesl«, klagte ihre Schwester Amalie einem Reporter ihr Leid.

Sie kennen ja mei Schwester! Die kann doch nicht nein sagen! Jetzt is grad im Rundfunk bei der Probe – ein Hörbild, wissen's, zur Hundert-Jahr-Feier der Eingemeindung der Vorstadt Au. No, und morgen ist sie bei einem Abend im Salvatorkeller dabei. Dann hat sie Fernsehprobe, am Samstag geht sie im Festzug mit, am Abend wieder Sendung im Rundfunk, und nachts spielt sie in einer Festvorstellung im Deutschen Theater. Es is wirklich ein Kreuz, wie man die Liesl einspannt.

Liesl Karlstadt und Michl Lang bei Werbeaufnahmen für das Kaufhaus Hertie zum Oktoberfest, 1954

Werbung für Kernka Kaffee-Ersatz, 1950

Und ihrer Freundin Norma schrieb Liesl:

Du unsere geliebte Norma! Wie lieb u. treu Du bist – wir haben ein schlechtes Gewissen Dir gegenüber. Alli war wieder sehr krank (Asthma) u. ich hatte heuer noch keinen Tag Urlaub. Nach den Feiertagen rufen wir Dich an, wir müssen uns sehen, aber Du solltest zu uns kommen, wir machen Dir's schön, gell! Innigen Dank u. Grüsse Deine Liesl u. Alli

Überall, wo Liesl Karlstadt hinkam, erregte sie Aufmerksamkeit. Selbst Franz Josef Strauß ließ es sich nicht nehmen, sich werbewirksam mit ihr ablichten zu lassen. Ihre Geburtstage, der 60. und der 65., gestalteten sich zu Medienereignissen und die Zeitungen waren voll von Lobpreisungen.

Das Geheimnis ihres Erfolgs und ihrer Popularität war ihre liebenswerte und bescheidene Art sowie ihre ungeheure Präzision, schnörkellos einfache Menschen darzustellen, die in ihrem Spiel wirkten, als ob es »wirkliche« Menschen wären. Das liebten die Münchner an ihr und ließ sie sagen: »Unsere Liesl.«

Ende Juli 1960 fuhr sie zusammen mit ihrer Schwester nach Garmisch-Partenkirchen, um sich in ihren geliebten Bergen ein paar Tage Erholung zu gönnen. Von dort machte sie noch einmal einen Abstecher ins nahegelegene Ehrwald, wo sie einst in einer ganz ungewöhnlichen Weise in unbeschwerten Tagen, aus denen schließlich Monate wurden, Ruhe für ihre strapazierte Seele und Erholung für ihre angegriffene Gesundheit fand. In Ehrwald wollte sie ihre Freundin Erika Mann in ihrem Ferienhaus besuchen, traf sie aber nicht an.

Am nächsten Tag verstarb sie völlig überraschend in ihrem Urlaubsort Partenkirchen am 27. Juli 1960 an den Folgen eines Gehirnschlags. Ganz München trauerte, bestürzt über den plötzlichen Tod der beliebten Volksschauspielerin. Für ihre Schwester Alli »ging die Sonne unter«, schrieb sie ins Gästebuch der Pension Leiner, wo Liesl Karlstadt die Weltbühne verließ.

Am 30. Juli wurde sie unter großer Anteilnahme der Münchner Bevölkerung am Ostfriedhof beigesetzt. Der Platz vor der Aussegnungshalle war schwarz vor Trauergästen. Es gab kein Durchkommen. Ernstine Koch schrieb: »Als ... Hans Pössendorfer, alias Herr Brandl, seine bekannte Stimme erhob und rief: ›Geht's halt a bisserl auf d'Seitn, Leut, mir müssen ja zur Aussegnung nei!‹, da tat sich eine Gasse auf unter dem Geraune: Laßt's die Familie durch.«

1., 3. Liesl Karlstadt an ihrem 65. Geburtstag 2. Mit Oberbürgermeister Thomas Wimmer 4. Als Dirigentin auf dem Oktoberfest 5. Liesl Karlstadt im Freundeskreis 6. Das letzte Bild von Liesl Karlstadt, mit Erika Mann (rechts), aufgenommen am 22. Juli 1960

Quellennachweis

Archivalien

Liesl Karlstadt, Briefe an Norma Lorenzer, Sammlungsbestand Valentin-Karlstadt-Musäum

Liesl Karlstadt, Bühnenalben 1 – 5, Sammlungsbestand Valentin-Karlstadt-Musäum

Liesl Karlstadt, Bergwanderbuch, Sammlungsbestand Valentin-Karlstadt-Musäum

Rundfunkschallplatte mit einem Interview von Liesl Karlstadt zur Münchnerischen Fledermaus, 1938, Sammlungsbestand Valentin-Karlstadt-Musäum

Liesl Karlstadt, Radiointerview vom 9.11.1955, Alte Münchner erzählen, Schallarchiv Bayerischer Rundfunk, Archiv Nr. DK07770

Liesl Karlstadt, Das Leben beim Wort genommen 1, Radiointerview von Müller Marein vom 7.11.1957, NDR

Theo Riegler, Stabsgefreiter Liesl, Münchner Illustrierte 1952, Nr. 12, 13, 14,

Ludwig Rosenberger, Kriegstagebuch, Stadtarchiv München

Literatur

Rudolf Bach, *Die Frau als Schauspielerin,* Rainer Wunderlich Verlag Tübingen, 1937

Richard Bauer, *Fliegeralarm, Luftangriffe auf München 1940 – 1945,* Heinrich Hugendubel Verlag, München 1987

Monika Dimpfl, *Immer veränderlich, Liesl Karlstadt (1892 bis 1960),* A1 Verlag, 1996

Monika Dimpfl (Herausgeberin) *Liesl Karlstadt, Nebenbeschäftigung: Komikerin, Texte und Briefe,* edition Monacensia, Allitera Verlag, München 2002

Monika Dimpfl, *Karl Valentin, Biografie,* Deutscher Taschenbuch Verlag, München 2007

Erich Engels, *Philosophie am Mistbeet, Ein Karl Valentin-Buch,* Süddeutscher Verlag, München 1969

Brigitte ›Malini‹ Eriksson, *From Heil Hitler to Om Shanti,* Selbstverlag, San Bernardino, CA 2015

Anne-Marie Fischer-Grubinger, *Mein Leben mit Karl Valentin,* Moewig Memoiren, Arthur Moewig Verlag, Rastatt, 1982

Klaus Gronenborn, *Karl Valentin, Filmpionier und Medienhandwerker,* Schriftenreihe des Deutsches Filmmuseumss Frankfurt am Main, 2007

Michaela Karl, *Liesl Karlstadt, Gesichter einer Frau und Künstlerin*, Verlag Friedrich Pustet, Regensburg, 2011

Ernestine Koch, *Liesl Karlstadt, Frau Brandl, Die Rolle ihres Lebens*, Verlagsanstalt »Bayerland« Dachau, Dachau 1986

Andreas Koll, *Volkskünstlerinnen, Liesl Karlstadt, Bally Prell, Erni Singerl*, edition Monacensia, Allitera Verlag, München 2008

Erwin und Elisabeth Münz (Herausgeber), *Geschriebenes von und an Karl Valentin*, Süddeutscher Verlag, München 1978

Theo Riegler, *Das Liesl Karlstadt Buch*, Süddeutscher Verlag, München 1961

Michael Schulte und Peter Syr (Herausgeber), *Karl Valentins Filme*, Piper Verlag, München 1978

Alfons Schweiggert, *Karl Valentin und die Frauen*, Ehrenwirth Verlag, München 1997

Karl Valentin, *Sämtliche Werke in acht Bänden*, Piper Verlag, München 1994

Gunna Wendt, *Liesl Karlstadt, Ein Leben*, Piper Verlag, München 1998

Gunna Wendt, *Erika und Therese, Erika Mann und Therese Giehse – Eine Liebe zwischen Kunst und Krieg*, Piper Verlag, München, 2018

Hermann Wilhelm, *Brummlg'schichten*, Dr. Heinrich Buchner Verlag, München 1948

Bildnachweis

Abgebildete Fotos und Dokumente befinden sich im Sammlungsbestand des Valentin-Karlstadt-Musäums.

Dank

Unser großer Dank für einen Schatz, Hilfe und Anregung gilt: Brigitte Eriksson, Renate Luba, Thomas Schennach, Klaus Ortner, Gunna Wendt, Monika Dimpfl, Raimund Lorenzer, Gunter Fette, Ulrike Gulbransson, Haidi Kesič und Günter Gerstenberg.
Wir danken den Karl Valentin Erben, dem Stadtarchiv München, dem Münchner Literaturarchiv Monacensia und dem Archiv der Psychiatrischen Klinik und Poliklinik, Nußbaumstraße, München.
Der »SAUBANDE«, Valentin-Karlstadt-Förderverein e.V., danken wir für die großzügige Unterstützung.

Die Herausgeber

Sabine Rinberger, in München geboren, studierte Neuere und Neueste
Geschichte, Alte Geschichte und Soziologie an der Ludwig-Maximilians-
Universität in München. Seit 2004 führt sie das Valentin-Karlstadt-Musäum
und gestaltete es neu, zunächst als eigene Betreiberin, ab 2018 als städtische
Museumsdirektorin.

Andreas Koll, Studium der deutschen und vergleichenden Volkskunde in
München; anschließend als Musiker und Komponist tätig. Publikationen im
Münchner Trikont Verlag, derzeit Mitherausgeber der CD-Reihe *Stimmen
Bayerns*. Seit 2009 betreut er die städtische Sammlung im Valentin-Karlstadt-
Musäum. Daneben kuratiert und gestaltet er Ausstellungen.

© Verlag Antje Kunstmann GmbH, München 2019
Cover, Typografie und Satz: Maria Grimm, München
Lithografie: Reproline-Genceller, München
Druck und Bindung Memminger MedienCentrum
ISBN 978-3-95614-325-0